Matthias Brandt

— Erfolg in der Schule — Bestnote auf Knopfdruck

Wie Du mit Hilfe effektiver Lerntechniken & klugem Zeitmanagement Deine Konzentration steigerst und Schritt für Schritt zum Einserschüler wirst

2. Auflage: Februar 2020

Coverbild: Belozersky / Shutterstock

Druck / Auslieferung: Amazon oder eine Tochtergesellschaft

Herausgeber (Verlag):

J. Loewenstein Media GmbH
Ericusspitze 4, 20457 Hamburg

Independently published | ISBN: 978-1658637671

AUS DEM INHALT

Einführung

Erinnerst Du Dich noch an die Zeit, in der Du motiviert zur Schule gegangen bist? Die Zeit, in der Du Arzt, Anwalt oder Architekt werden wolltest – und davon überzeugt warst, dass Du alles schaffen kannst, was Du Dir vornimmst?

Zu Beginn der weiterführenden Schule strotzen wir nur so vor Tatendrang, legen uns ins Zeug, geben alles für gute Noten; doch nach ein paar Monaten sieht die Realität oft schon ganz anders aus: Wir müssen uns mit ersten Rückschlägen abfinden – etwa, wenn wir trotz des ganzen Lernens unsere Wunschnote nicht erreichen – kommt die anfängliche Motivation auf einmal gehörig ins Wanken. Ist es Dir auch schon einmal so ergangen?

Oder gehörst Du eher zu denen, deren Motivation nach wie vor ungebrochen ist – trotzdem findest Du, dass die Ergebnisse, die Du in der Schule erzielst, nicht die Zeit und den Aufwand widerspiegeln, die Du investierst?

Oder hast du einfach das Gefühl, dass Dir bei der ganzen Arbeit für die Schule fast keine Zeit für Hobbys oder Entspannung übrig bleibt?

Das alles muss nicht sein. Ob effektives Lernen, bombenfeste Motivation oder Entspannungstechniken – hier findest Du alle Tipps und Tricks, mit denen Du in der Schule wieder so richtig durchstarten und Spitzennoten erzielen kannst.

Das Beste daran: **Alle Methoden und Strategien sind wahnsinnig effektiv und vor allem Eines: Praxiserprobt!** Denn eins musst Du wissen: Als ich in der 8. Klasse war, hatte ich die gleichen Probleme, die zigtausende Schüler heute auch haben: Ich schrieb schlechte Noten, hatte so gut wie keine Lust auf die Schule und war bei meinen Lehrern nicht gerade beliebt – die fünf Vieren in meinem Zeugnis sprechen für sich... Auch am Ende der 10. Klasse hatten sich meine schulischen Leistungen nicht großartig verändert.

Jahrelang kam ich zwar immer irgendwie durch – aber richtigen Erfolg hatte ich nie, und mich quälte der Gedanke, dass ich meinen früheren Traum vom Medizinstudium wohl für immer aufgeben müsste.

Also entschied ich zu Beginn der Oberstufe, dass sich etwas ändern muss – jetzt oder nie! Zum ersten Mal lernte ich mit System, ich plante mein schulisches Leben und setzte es an erste Stelle. Mit Erfolg. Im Abitur schaffte ich einen Durchschnitt von 1,2 – und zwar ohne mir die Nächte mit Lernen um die Ohren zu schlagen oder meine Freizeit aufzugeben. Das heißt konkret...

Was bei mir und Tausend anderen Schülern funktioniert, wird garantiert auch bei Dir funktionieren!

In diesem Buch stelle ich Dir bewährte Lern-, Motivations- und Entspannungstechniken vor, die Dir dabei helfen, Dich zum Einserschüler zu entwickeln – und trotzdem Zeit für ein Leben neben der Schule zu haben. Die Jugend ist die prägendste Zeit unseres Lebens. Deshalb ist es wichtig, dass Du neben der Schule auch noch Deinen Hobbys nachgehen kannst.

Ich hoffe, dass mein Entwicklungsverlauf eine Motivation für Dich ist. Denn was ich geschafft habe, hat nichts mit überdurchschnittlicher Intelligenz oder Hochbegabung zu tun. Ich war einfach ein ganz normaler Schüler wie Du auch – und wenn Du diesen Ratgeber nicht nur liest, sondern die Strategien, die ich Dir vermitteln werde, in die Tat umsetzt, kannst auch Du es schaffen und im Abitur eine Eins vor dem Komma erreichen – garantiert.

Aber natürlich ist dieses Buch nicht nur für Abiturienten. Auch wenn Du in der Mittelstufe bist, ist dieser Ratgeber für Dich Gold wert!

Man kann nicht früh genug damit beginnen, seinen schulischen Erfolg zu optimieren! Je früher Du damit anfängst, die in diesem Buch vorgestellten Techniken in deinen (Schul-)Alltag zu integrieren, desto eingespielter und sicherer wirst Du sie in der Oberstufe anwenden können.

Für ein einfaches und effektives Verständnis habe ich diesen Ratgeber in exakt **3** Kategorien eingeteilt, die alle wertvolle Methodik, zahlreiche Geheimtipps aus meiner eigenen Schulzeit sowie einfach verständliche Infoboxen und Grafiken enthalten, mit denen Du die einzelnen Lektionen auf einen Blick nachvollziehen kannst – also alles, was Du für Deinen Erfolg in der Schule benötigst!

Wenn Du erfahren willst, wie Du Deine Schulmotivation auf das höchstmögliche Level bringst und Dir sinnvolle, realistische und ambitionierte Ziele setzt, die Deine gesamte Schulzeit überdauern und nicht nach einer Woche wieder verpufft sind, solltest Du Dich ganz besonders in das Kapitel **„Was will ich? – Zielfindung und Motivation“** vertiefen.

Du hast das Gefühl, dass Du viel mehr lernen musst als Deine Mitschüler und trotzdem viel schlechtere Noten erzielst? Dann ist das Kapitel **„Effektiv lernen – die perfekte Vorbereitung“** genau das richtige für Dich. Hier zeige ich Dir, wie Du mithilfe von effektiven Lerntechniken mehr Ertrag in kürzerer Zeit erzielst!

Du findest, dass die Schule in Deinem Leben viel zu viel Zeit in Anspruch nimmt und Deine Energiereserven nicht mehr genügen, um im Klassenzimmer Höchstleistungen zu erbringen?

Dann solltest Du Dich unbedingt mit dem Abschnitt **„Achtsamkeit & Entspannung – Mehr Energie in der Schule“** befassen.

Ich lege Dir allerdings ans Herz, Dich nicht nur mit einzelnen Kapiteln zu beschäftigen, sondern das gesamte Buch durchzuarbeiten – Du wirst daraus sehr viel Neues mitnehmen. Auch wenn Begriffe wie „Meditation“ oder „Zielfindung“ für Dich vielleicht erstmal ungewohnt und abschreckend klingen.

Am Ende ist es das Gesamtpaket der Strategien in diesem Buch, die Dich zum absoluten Einserschüler machen. Je konsequenter Du die Methodik aller Abschnitte dieses Buchs beherzigst, desto größer wird Dein Erfolg! Bei der Reihenfolge der Abschnitte hast Du die freie Wahl. Beginne ruhig dort, wo Du bei Dir die größte Baustelle siehst.

Zu guter Letzt möchte ich Dir noch meinen wichtigsten Ratschlag mit auf den Weg geben: **Dieses Buch wird seine volle Wirkung nur entfalten, wenn Du das Wissen darin auch anwendest.** Im Klartext heißt das: Setze alles, was Du in den Kapiteln lernst, unmittelbar um! Dabei schadet es auch nicht, wenn Du Dir während des Lesens noch eigene Notizen machst. Schreibe das, was Dir besonders wichtig erscheint, einfach auf. Denn wie sagt man so schön? Von der Hand in den Kopf!

Nun wünsche ich Dir viel Spaß, und neue Erkenntnisse beim Lesen – und natürlich viel Erfolg in der Schule! Wenn sich Deine Mitschüler wundern, dass Du in der Schule auf einmal dermaßen rockst, kannst Du ihnen dieses Buch gern weiterempfehlen! Ich freue mich sehr, wenn dieser Ratgeber noch mehr Jugendlichen weiterhelfen kann, ihren großen Traum vom Einser-Zeugnis zu erreichen.

Dein Matthias

Was will ich?
Zielfindung & Motivation

Ich heiße Dich herzlich zum ersten Kapitel dieses Buchs willkommen. In den folgenden Lektionen werde ich Dir einige Methoden vorstellen, mit denen Du effektiv an Deiner Motivation arbeiten kannst.

Es gibt Menschen, die außerordentlich intelligent sind und *eigentlich* einen Top-Abiturschnitt mit links schaffen könnten – und in der Schule trotzdem nur mittelmäßig sind. Meistens liegt bei diesen Menschen das Problem in der fehlenden Motivation. Das ist schade, denn so verschenken sie während der Schulzeit viel von ihrem Potenzial. Im Privatleben dagegen fordern sie sich intellektuell und entwickeln sich weiter. Nur in der Schule ist davon nichts zu sehen...

Was ich damit sagen will? Ohne Motivation läuft nichts! Für Dich bedeutet das: Auch wenn Du keine Intelligenzbestie bist, kannst Du in der Schule Höchstleistungen erbringen – die Voraussetzung ist einfach ein Motiv, für das es sich zu arbeiten lohnt.

Im 1. Teil dieses Kapitels verrate ich Dir, **wie Du einen extrem starken Antrieb für die Schule entwickeln kannst**, mit dem Dir die Arbeit sehr viel einfacher fallen wird.

Im 2. Teil geht es um **effektive Zielfindung**. Hier zeige ich Dir, wie Du Dir motivierende, realisierbare und gleichzeitig ambitionierte, überprüfbare Ziele setzt.

Im 3. Teil widmen wir uns den **Angewohnheiten**, die Dich bisher von guten Schulnoten abgehalten haben und finden Wege, mit denen Du diese Hindernisse aus dem Weg räumen kannst.

Im vierten Teil geht es darum, wie Du schwere Tage überstehst, an denen Dir nach allem ist – nur nicht nach Lernen. Hier zeige ich Dir, wie Du effektiv Motivationstiefs bekämpfst.

Im letzten Teil dieses Kapitels erfährst Du, aus welchen Gründen Perfektionismus – also der Wille, alle Aufgaben bestmöglich zu erledigen – für Dein Schulleben absolut tödlich ist.

Mit Hilfe dieser Strategien wirst Du eine felsenfeste Motivation für die Schule entwickeln – das garantiere ich Dir.

Dein persönliches „Warum" finden

Mal angenommen, Du kommst von der Schule zurück und es stehen noch einige Hausaufgaben an: Sicher hast Du Dich auch schon mal dabei ertappt, Deinen inneren Schweinehund gewinnen zu lassen und die anstehenden Aufgaben einfach aufzuschieben. Im schlimmsten Fall machst Du den ganzen Tag lang alles Mögliche, triffst Freunde, guckst Serien oder gehst tanzen – und die Hausaufgaben bleiben auf der Strecke.

Das Problem sind oftmals falsch gesetzte Prioritäten. Viele Schüler finden die Schule sinnlos und langweilig, ganz nach dem Motto: „Wozu brauche ich das später?"

Das ist einer der Hauptgründe, warum es so viele Schüler gibt, die zwar immer irgendwie durchkommen, sich aber stets nur im Bereich „befriedigend" bis „ausreichend" bewegen. Diese Schüler wollen ihren Abschluss, klar - es ist ihnen aber egal, ob er gut oder schlecht wird. Sie geben sich mit dem Mittelmaß zufrieden. Aber warum? Ihnen fehlt ganz einfach ein guter Grund, sich mit voller Kraft durch den für sie uninteressanten Schulstoff zu kämpfen. **Fazit: Die meisten Schüler laufen auf Sparflamme.**

Keine Frage – selbst Lehrer haben nicht selten Schwierigkeiten damit, zu erklären, inwieweit ein bestimmter Schulstoff für die Zukunft der Schüler relevant sein soll. Insofern ist es durchaus nachvollziehbar, dass so viele Schüler in der Schule nicht ihr volles Potenzial abrufen.

Aber! Wenn Du in der Schule Spitzenleistungen erbringen willst, musst Du da durch – und zwar nicht auf Sparflamme, sondern mit voller Power! Daran kommst Du nicht vorbei, wenn Du in der Liga und im Leben ganz oben mitspielen willst.

Es interessiert die Lehrer nicht, ob die Schüler den Schulstoff spannend finden oder nicht. Bei der Bewertung wird der Lehrer oder die Lehrerin mit hundertprozentiger Wahrscheinlichkeit keine Rücksicht darauf nehmen.

Was am Ende zählt, ist die Note, die auf dem Zeugnis steht. Allein sie entscheidet in der Regel, ob man etwa bei einem Praktikumsplatz angenommen oder zu einem bestimmten Studiengang zugelassen wird.

Wer aber ein starkes „Warum" findet für das, was er tut, dem werden auch nervtötende und langweilige Aufgaben wesentlich einfacher von der Hand gehen.

Zum Beispiel ist der innige Wunsch, später einmal Anwalt zu werden und Menschen rechtlich beizustehen, eine starker Anreiz, sich auch mühsamen und quälenden Aufgaben zu stellen – ein Jurastudium ohne den passenden Notenschnitt kannst Du auch direkt an den Nagel hängen.

Es ist also extrem wichtig, einen guten Grund bzw. mehrere Gründe zu haben, sich jeden Tag aufs Neue voll in (Schul-)Aufgaben reinzuhängen. Außerdem kann dieses persönliche „Warum" eine mächtige Waffe im Kampf gegen den inneren Schweinehund sein, denn es stellt ein tonnenschweres Gegengewicht zu den zahlreichen Ablenkungen im Alltag dar. Führst Du Dir nämlich in Situationen, in denen Du Dir überlegst, ob Du Dich lieber auf die Couch oder an den Schreibtisch setzen sollst, Deine Motive vor Augen, wirst Du Dich eher für die Schulsachen entscheiden.

Dein „Warum" muss nicht unbedingt ein bestimmter Beruf sein, den Du unbedingt ausüben willst! Vielleicht willst Du einfach Deine Eltern stolz machen oder Deinen Freunden mal so richtig zeigen, was alles in Dir steckt. Eventuell weißt Du auch noch gar nicht, was Du nach der Schule machen willst und möchtest Dir mit einem guten Notenschnitt im Abitur einfach alle Möglichkeiten offenhalten. Das wäre ebenfalls ein starkes „Warum". So war es zum Beispiel bei mir.

Es ist von unschätzbarem Wert, dass Du Dich intensiv und ernsthaft mit Deinen persönlichen Antrieb (Deinem Warum) auseinandersetzt. Mit einem belastbaren „Warum", also einem echten Wunsch, für dessen Erfüllung Du in der Schule besser werden willst, bleibst Du langfristig motiviert und gibst Vollgas - ohne Dich immer neu aufraffen zu müssen.

Dabei ist besonders wichtig, dass Dein **„Warum"** – Deine ganz individuellen Beweggründe, Dich für die Schule anzustrengen – stärker ist als alle anderen Aktivitäten, die Dich die Schule potenziell vernachlässigen lassen. Es hilft nichts, wenn Du Dir einredest, unbedingt Arzt werden zu wollen, ohne hundertprozentig hinter diesem „Warum" zu stehen. Bist Du wieder in einer Situation, in der Du entscheiden musst, ob Du Dich an Deine Aufgaben setzt oder nicht, würdest Du dann womöglich wieder die Ablenkung wählen.

Um Dir die Suche nach Deinem „Warum" zu erleichtern, kannst Du Dir folgende Fragen stellen: „Wo will ich in zehn Jahren stehen?", „Was ist meine Leidenschaft?" oder „Was möchte ich in meinem Leben erreichen?". Diese Fragestellungen können Dir dabei helfen, Deine eigenen Ambitionen besser zu durchleuchten.

Die Erkenntnisse aus diesen Fragen solltest Du aufschreiben, um Dir Deine Motive noch besser vor Augen zu führen. Eine weitere, effektive Methode ist, Dir Bilder auszudrucken, die mit Deinen Beweggründen zusammenhängen, und sie an einer für Dich immer sichtbaren Stelle aufzubewahren.

Ist es Dein großer Wunsch, Arzt zu werden, kannst Du Dir zum Beispiel ein Bild einer Approbationsurkunde ausdrucken und sie in Deinem Portemonnaie aufbewahren. Stell Dir dann jedes Mal, wenn Du Dir das Bild ansiehst, vor, dass es Deine eigene Zulassung ist.

Du willst Architekt werden? Dann kannst Du Dir etwa eine Skizze der Gebäude anfertigen, die Du später einmal bauen willst.

Das sind natürlich nur Beispiele – wahrscheinlich sieht Dein „Warum“ ganz anders aus. Aber darum geht es hier auch nicht. Wichtig ist nur, dass Du eine wirklich effektive Visualisierung hast, die Dich optimal auf Deinen Beweggrund fokussiert.

Mit der sogenannten Kopfkino-Methode kannst Du Dein „Warum“ noch greifbarer machen: Dazu stellst Du Dir ein Schlüsselereignis, das mit Deinem Motiv zusammenhängt, möglichst bildlich vor. Zum Beispiel kannst Du Dir die Situation ausmalen, in der Du Deine Approbation als Arzt erhältst. Versuche, in diese Szene in Deinem Kopf so viele Details wie möglich einzubauen. Wer überreicht Dir die Urkunde? In welcher Umgebung erhältst Du die Zulassung? Welche anderen Personen sind dabei? Wie fühlst Du Dich?

Je genauer Dein Kopfkino aussieht, desto mehr wird Dich Dein „Warum“ in der Schule motivieren. Immer wenn Du jetzt vor der Entscheidung stehst, Deine Zeit zu verschwenden oder sie zu nutzen, rufst Du Dir die Szene wieder vor Augen.

Deinem inneren Schweinehund wird das alles gar nicht gefallen – Dir allerdings schon! Denn Dein „Warum“ bereitet Dir letztendlich die Grundlage für ein entschiedeneres, konsequenteres und wirksameres Lernen mit deutlich weniger Motivationseinbrüchen.

Nun bist Du an der Reihe – finde Dein ganz persönliches „Warum“! Was Du dafür genau tun musst, findest Du noch einmal kurz & bündig in der folgenden Checkliste zusammengefasst.

Finde Dein persönliches „Warum“

1. **Frage Dich:** Wo will ich in zehn Jahren hin? Was ist meine größte Leidenschaft? Was will ich WIRKLICH in meinem Leben erreichen? Wofür brenne ich?

2. **Visualisiere** Deinen Traum mit Hilfe von Bildern, Musik, Videos ... Lass Deiner Fantasie freien Lauf!

3. **Erfasse** Dein „Warum“ so lebhaft wie möglich. Nutze hierfür die Kopfkino-Methode.

SMART-Methode im Überblick

Hast Du Dir nun intensiv Gedanken über Deine Motivation gemacht und im besten Fall Dein persönliches „Warum“ gefunden? Dann ist der Grundstein für Deinen Einserschnitt gelegt! Du kannst aber noch viel mehr tun, um Dich in Höchstform zu bringen. Dazu ein kleines Gedankenspiel:

Stell Dir vor, Du bist der Kapitän auf einem großen Schiff. Dieses Schiff verfügt über die allerneuste Technik und die zuverlässigste aller Besatzungen. Du kennst auch ungefähr den Kurs, den Du nehmen willst – Dein „Warum“. Allerdings weißt Du nicht, wo genau Du während der Fahrt anlegen musst, um den Zielhafen zu erreichen.

In dieser wichtigen Lektion beschäftigen wir uns mit der Festlegung Deines Notenziels, denn nur mit einem solchen Notenziel wirst Du Erfolg haben.

Wenn Du Dir alle Lektionen des Abschnitts **„Richtig lernen – die optimale Klausur- und Unterrichtsvorbereitung“** in diesem Buch durchgelesen hast, wirst Du – wie das Schiff im Beispiel – über die allerbeste Ausrüstung verfügen. Doch auch die beste Ausrüstung bringt Dir rein gar nichts, wenn Du Dein konkretes **Ziel**, Deinen *Zielhafen* nicht kennst.

Mal angenommen, Du willst gern Jurist werden. Du hast Dir aber in der Schule kein genaues Notenziel gesetzt. Du weißt dann zwar schon, dass Du gut in der Schule sein und Dich auch anstrengen musst, um Deinen Traum vom Jura-Studium Realität werden zu lassen. Wenn Du aber im Vorfeld kein Ziel festgelegt hast, trudelst Du herum, jagst einem unklaren Wunsch hinterher und kannst am Ende des Schuljahres mangels eines genauen

Ziels noch nicht einmal überprüfen, ob Du auch wirklich erfolgreich warst. Nicht gerade optimale Voraussetzungen, wenn es Dein Ziel ist, Deine schulischen Leistungen dauerhaft zu verbessern...

Du siehst also – das „Warum" kann Dir eine große Hilfe bei der Motivation sein und Dir den Weg weisen. Für sich allein kann es Dich aber trotzdem nicht zum Erfolg führen, da Du keinen greifbaren Wert hast, auf den Du in der Schule hinarbeiten willst. Diesen greifbaren Wert kann Dir nur das Notenziel bieten!

Erkundige Dich darum zuerst, welchen Notenschnitt Du für Dein „Warum" erreichen musst. Willst Du etwa einen ganz bestimmten, zulassungsbeschränkten Studiengang belegen, kannst Du im Internet nach den NC-Werten (aus den letzten Jahren) für die Zulassung in diesen Studiengang suchen.

Ist Dein Wunschstudium etwa Medizin, liegt der notwendige Schnitt an vielen Universitäten zumeist bei 1,0. Hier kommt die erste Hürde auf Deinem Weg: Selbst wenn Du Dir dieses ambitionierte Ziel für Dein Abitur setzt – wenn Du in der 11. Klasse bereits die ein oder andere 4- geschrieben hast, wird es extrem eng (wenn nicht unmöglich).

Setze Dir also realistische Ziele, um am Ende nicht komplett frustriert aufzugeben! Wenn sich also bereits abzeichnet, dass es mit 1,0 knapp werden könnte, solltest Du am besten das errechnen, was die höchstmögliche Gesamtnote ist, die Du mit Deinen bisherigen Leistungen noch erzielen kannst – so bist Du mit Dir von vornherein im Reinen und betrügst Dich nicht selbst.

Außerdem solltest Du Dein Ziel unbedingt auch zeitlich terminieren und es so präzise wie möglich formulieren. Ein schlechtes Beispiel für eine Zielsetzung wäre zum Beispiel: „Ich will meine Note in Physik verbessern". Dieses Ziel ist 1.) zu ungenau und verfügt 2.) über keinen klaren zeitlichen Rahmen. Die Wahrscheinlichkeit, dass Deine Anstrengungen nach einer gewissen Zeit wieder im Sande verlaufen, ist dann gefährlich hoch.

Setze Dir stattdessen kleinere, aber präzise Zwischenziele. Das könnte dann so aussehen: *„Bis zu den Zwischennoten will ich in der mündlichen Mitarbeit in Chemie eine 1- erzielen"*. Durch die präzise Formulierung wird das Ziel messbar. Um Deinen Erfolg zu überprüfen, kannst Du zum Beispiel Deinen Lehrer nach Deiner Mitarbeitsnote fragen.

Das Negativbeispiel *„Ich will meine Note in Chemie verbessern"* ist zwar auch messbar, allerdings sehr viel weniger eindeutig.

Kleinere Zwischenziele können dabei helfen, Dich zu motivieren und zu überprüfen, ob Du nach wie vor auf Kurs bist. Die zeitliche Festlegung dient dazu, Dir einen Überblick darüber zu verschaffen, wie viel Arbeit Du investieren musst, um erfolgreich zu sein. Und der zeitliche Rahmen haucht Dir außerdem einen positiven Druck ein, der Deine Produktivität steigert. Denn wenn die Frist für Dein Ziel abläuft und Dir bewusst wird, dass Du ein bisschen im Verzug bist, wirst Du Dich automatisch noch mehr anstrengen, um schlussendlich erfolgreich zu sein.

Ein weiterer Trick ist, Dein Notenziel für Dich attraktiv zu formulieren: Selbst wenn für Dich ein Schnitt von 1,0 im Bereich des Möglichen liegt, bist Du vielleicht gar nicht bereit, die dafür nötige Arbeit zu investieren – setze Dir fürs Erste lieber ein leichter zu erreichendes Ziel, das Dich mehr motiviert.

Um es auf den Punkt zu bringen: Dein Notenziel muss für Dich aussichtsreich – also attraktiv – und mit einem konkreten Termin verbunden sein. Außerdem solltest Du es nicht vage, sondern möglichst exakt formulieren. Achte dabei auch auf die Messbarkeit Deines Notenziels.

Ein Notenziel, das nach diesen Richtlinien formuliert wurde, ist „SMART“: spezifisch, messbar, attraktiv, realistisch und terminiert! Wenn Du in Zukunft Ziele für die Schule ins Auge fasst, solltest Du Dich immer an diesen fünf Grundsätzen orientieren.

Mit so einem eindeutigen und exakten Ziel wird es Dir wesentlich einfacher fallen, Dich selbst zu motivieren und Deine Fortschritte zu überprüfen.

Nichts ist erfolgreicher als der Erfolg! Wenn Du also mit dem Erreichen Deiner smarten Ziele immer wieder Erfolgserlebnisse hast, wird das eine Kettenreaktion der Motivation in Dir auslösen und Deine schulischen Leistungen noch weiter steigern.

Jetzt kommt der nächste Schritt: Versuche, Dir mit der SMART-Methode ein Notenziel zu setzen, das Du bis zum Ende des nächsten Schuljahres erreichen willst. Setze Dir dabei noch kleinere Zwischenziele, die Du auf dem Weg zu Deinem Endziel in Angriff nimmst.

In der Grafik unten habe ich Dir die fünf Grundsätze der SMART-Methode noch einmal zusammengefasst. Lasse sie Dir vor jeder Zielsetzung genau durch den Kopf gehen! Damit wirst Du in der Schule schon bald Deine ersten sprichwörtlichen Früchte ernten – versprochen!

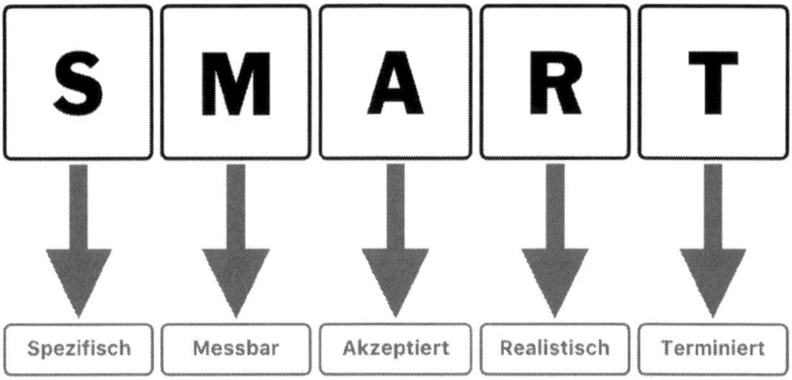

WOOP-Methode auf den Punkt gebracht

Mit Deinem persönlichen „Warum" und Deinem mit der SMART-Methode formulierten Notenziel hast Du jetzt schon zwei ganz essenzielle Motivationsmotoren kennengelernt.

In dieser Lektion geht es nun darum, Dein Mindset, also Deine Denkmuster, zu hundert Prozent auf Erfolg zu schalten!

Dazu möchte ich Dich mit der WOOP-Methode vertraut machen, einer Strategie, mit der es Dir ganz leichtfallen wird, Deinen Wunsch nach guten Noten zur Realität werden zu lassen, die Dich daran hindernden Probleme zu erkennen und Lösungsstrategien zu finden.

Ich denke, nicht nur mir ging es in großen Teilen meiner eigenen Schulzeit so, dass wir Probleme als unlösbar betrachten und wir immer weiter in das tiefe Loch der Resignation fallen – Pessimismus und Antriebslosigkeit sind die fatalen Folgen.

So wie Erfolg zu einer Kettenreaktion führt und uns immer erfolgreicher macht, löst leider auch Misserfolg nicht selten eine solche Kettenreaktion aus. Schülern, die in der Schule oft schlecht abschneiden, fällt es deswegen meistens viel schwerer, überhaupt wieder gute Leistungen zu erbringen.

Wenn ein Schüler etwa nach jeder Klassenarbeit Notenabzüge wegen seiner schlechten Rechtschreibung erhält oder eine Schülerin es einfach nicht schafft, ihre Materialien für die Schule beisammenzuhaben, wirkt das demotivierend – ganz ohne Zutun von außen – und der oder die Betroffene gerät in eine gefährliche Abwärtsspirale, unter der die schulischen Leistungen massiv leiden.

Genau hier setzt die WOOP-Methode an! Mit ihr hast Du eine erstklassige Möglichkeit, Dich mit Deinen persönlichen Hindernissen auseinanderzusetzen und daraus wieder positive Energie für die Schule zu schöpfen.

Wie bei der SMART-Methode steht auch hier jeder Buchstabe für ein Wort. Das W in WOOP steht für „wish“, also „Traum“ oder „Wunsch“; die beiden Os bedeuten „outcome“ beziehungsweise „obstacle“, also „Ergebnis“ und „Hindernis“; und das P steht für „Plan“.

Zu kryptisch? Keine Sorge – WOOP ist wirklich kinderleicht anzuwenden! Und mit ein bisschen Zeit wirst Du daraus positive Energie ziehen, mit der Du Deinen individuellen Erfolgsplan für die Schule schmieden kannst. Die Wirksamkeit der WOOP-Strategie wurde schon in zahlreichen Studien belegt.

WOOP funktioniert so: Zuerst malst Du Dir Deinen Traum aus – denke an Dein persönliches „Warum“, aber auch an die kleineren Notenziele, die Du Dir gesteckt hast. Zusätzlich kannst Du bei WOOP auch noch viel detailliertere Wünsche formulieren, die Dich beim Erreichen Deines Endziels unterstützen können – also Wünsche, die nicht direkt etwas mit Deinem Notenziel zu tun haben, aber Dir trotzdem zu mehr Erfolg in der Schule verhelfen (mehr Pünktlichkeit, Rechtschreibung verbessern, Kopfrechnen trainieren).

Stelle Dir jetzt genau vor, wie toll es wäre, dieses Ziel beziehungsweise diese Ziele zu erreichen – dabei kannst Du auch die bereits vorgestellte Kopfkino-Methode anwenden: Führe Dir vor Augen, wie stark Dir zum Beispiel eine bessere Rechtschreibung beim Erreichen Deines Notenziels behilflich sein kann, und visualisiere, wie Du Deine Deutscharbeit ohne einen einzigen Rechtschreibfehler zurückbekommst.

Oder wie wäre es, wenn Du Deine Arbeitsblätter und Mitschriften endlich organisieren könntest – und dadurch nie wieder Deine Hausaufgaben zu Hause vergessen würdest? Wie gut würde sich das auf Deine Mitarbeitsnote auswirken!

Überlege Dir nun, welche Hindernisse Dich davon abhalten, diese Wünsche zu verwirklichen und ergo in der Schule Erfolg zu haben. Warum erzielst Du immer nur mittelmäßige Leistungen? Warum kommst Du jeden Morgen zu spät in die Schule? Warum verstehst Du Dich mit Deinem Lehrer so schlecht?

Frag Dich das selbst. Mach für fünf bis zehn Minuten ein Brainstorming und schreibe die Ergebnisse auf. Höre dabei in Dich hinein, rekapituliere die letzten Wochen, und lass Dir entscheidende Situationen noch einmal durch den Kopf gehen.

Nun kannst Du zum Beispiel eine Mindmap erstellen, in der Du Deine Hindernisse gliederst. Am Ende der Brainstorming-Phase liegt Dir also das, was Deinen schulischen Erfolg bis jetzt verhindert hat, schriftlich vor.

Anschließend fertigst Du einen Plan an, in dem Du festhältst, wie Du diese Hindernisse beseitigen willst. Bringe dabei die Techniken aus diesem Buch unbedingt in Deinen Plan mit ein. Um Deine Strategie optimal zu visualisieren, kannst Du die untenstehende Tabelle verwenden. Trage die Bestandteile der WOOP-Methode ein, so hast du alles auf einen Blick parat!

Die WOOP-Methode ist so effektiv, weil Du die negativen Gesichtspunkte aus Deinem Schulalltag gleichzeitig mit einem Lichtblick – der angestrebten Lösung – in Verbindung bringst: Du bringst Deinen Wunsch sowie die Probleme auf Papier, die die Erfüllung dieses Wunsches verhindern. Gleichzeitig denkst Du aber über eine Lösung nach, die Dich Deinem Wunsch näherbringen wird.

Neben den tatsächlichen Lösungen, die Du so für Deine Probleme erarbeitest, hat die WOOP-Methode also zusätzlich auch ein extrem motivierendes Moment. So gesehen schlägst Du zwei Fliegen mit einer Klappe, wenn Du die Strategie anwendest.

Als ich mich nach dem Ende meines katastrophalen zehnten Schuljahrs auf die Suche nach Wegen aus dem schulischen Elend begeben habe, war die WOOP-Methode für mich die Rettung!

Rückblickend kann ich sagen, dass es sich dabei um einen der wohl stärksten – und gleichzeitig lösungsorientiertesten – Motivations-Booster überhaupt handelt. Dabei bleibt die WOOP-Methode nicht allein auf die Anwendung in der Schule beschränkt. Auch wenn Du herausfinden willst, warum Du zum Beispiel nicht so sportlich bist, wie Du es gern wärst, ist die Methode unbezahlbar.

Bei WOOP handelt es sich also um ein Erfolg versprechendes Universal-Tool, das Dir auch nach Deiner Schulzeit – etwa für Deine berufliche Zukunft – äußerst nützlich sein kann.

Ich denke, ich habe Dich jetzt bereits ausreichend für die WOOP-Methode motiviert – jetzt bist Du dran! Nutze die Tabelle in der Abbildung rechts, und stelle Dich Deinen Hindernissen!

Eine Sache solltest Du davor aber noch beachten: Der Wunsch, den Du bei der WOOP-Methode formulierst, muss nicht zwangsläufig mit Deinem Notenziel übereinstimmen. Vielmehr kannst Du Dich mit WOOP noch wesentlich differenzierteren Wünschen widmen. Etwa dem Wunsch, endlich nie wieder die Hausaufgaben auf den letzten Drücker zu erledigen, oder dem Wunsch, Dich im Unterricht besser konzentrieren zu können.

Nun aber ran an den Speck! Ich wünsche Dir viele neue Erkenntnisse und frische Energie mit der WOOP-Methode.

Die WOOP-Methode

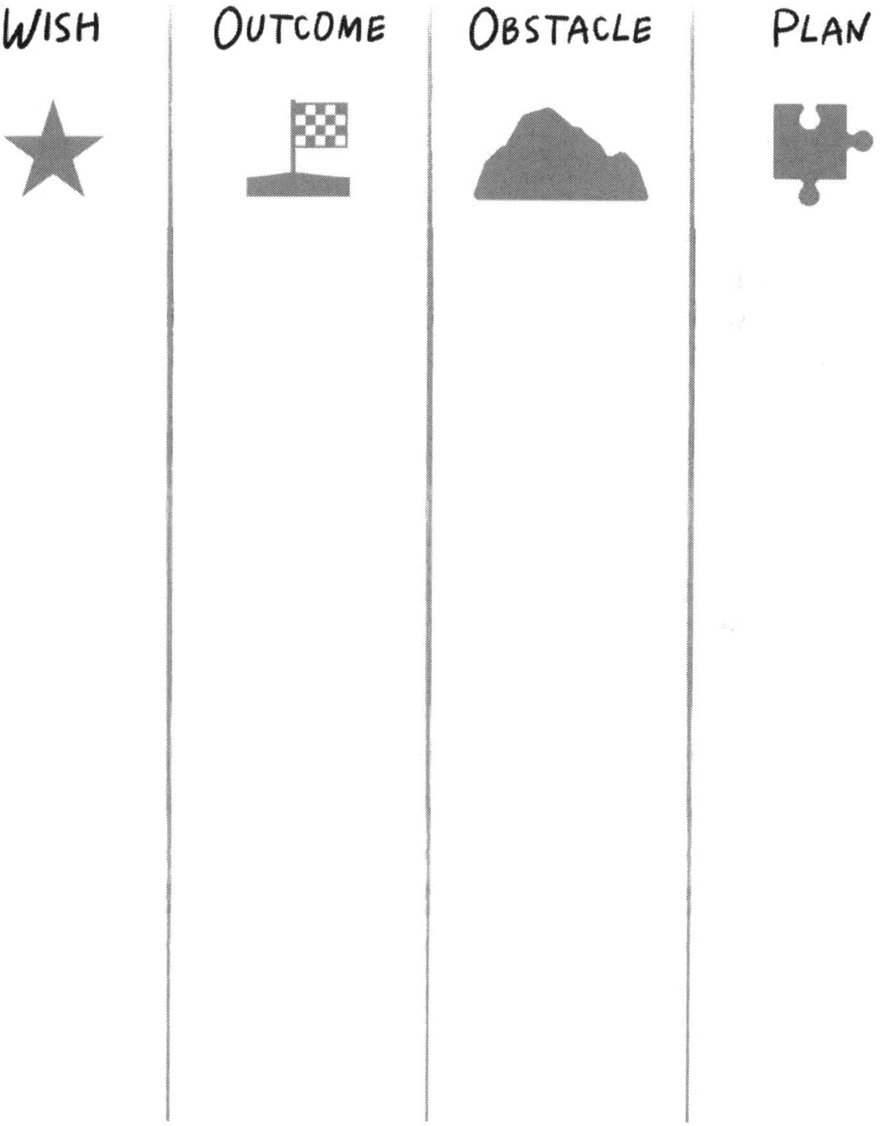

Motivationstiefs effektiv überwinden

Jeder Mensch hat mal einen schlechten Tag – Du bildest da keine Ausnahme. Du magst alle Ratschläge und Strategien aus diesem Buch beherzigt haben, und trotzdem kannst Du Dich heute einfach nicht aufraffen, Deine Arbeit für die Schule zu erledigen.

Möglicherweise hängst Du schon den ganzen Tag auf dem Sofa, obwohl Du Dir eigentlich vorgenommen hattest, heute für die nächste Klausur zu lernen. Ich kenne diese Momente nur zu gut: Die Motivation ist gerade an einem Tiefpunkt angelangt – jetzt noch weiterzuarbeiten erscheint wie Folter. Und trotzdem muss es einfach sein!

Mich haben solche Phasen anfangs auch oft geplagt – und am Ende habe ich mich umso mehr geärgert, weil ich nicht das schaffte, was ich mir am Anfang des Tages eigentlich vorgenommen hatte.

Während meiner Schulzeit habe ich mir daher nach und nach die ein oder andere Strategie angeeignet, mit der ich wieder auf Touren gekommen bin, sobald mich ein Motivationstief heimgesucht hat. Diese Geheimtipps möchte ich heute an Dich weitergeben:

Sollte Dich also gerade so eine Null-Bock-Stimmung überkommen und Du befindest Dich in einer sitzenden oder liegenden Position, ist der erste Schritt ganz einfach: **Nimm Deinen Arsch vom Stuhl hoch und komm in Bewegung!** Steh auf, zieh Dir Deine Schuhe an und lauf einmal um den Block.

Die frische Luft wird Dich aufwecken und Dich aus Deiner Starre wieder rausholen. Versuche erst einmal, für ein paar Minuten auf andere Gedanken zu kommen und alles, was mit Schule zu tun hat, auszublenden und Dich einfach auf das zu konzentrieren, was Du auf Deinem Weg siehst und Dir bei Deinem Spaziergang begegnet.

Versuche dann, Dich während Deines Spaziergangs an vergangene Erfolgserlebnisse zu erinnern. Denk zum Beispiel an die guten Noten, die Du bereits geschrieben hast, und an das gute Gefühl, als Du die Arbeit zurückbekommen hast. Die Erinnerung an diese Glücksmomente kann Dich extrem motivieren – Du hast ja schließlich nichts dagegen, noch einmal gut in einer Klausur abzuschneiden, oder?

Führe Dir dabei auch vor Augen, wie viel Arbeit und Zeit Du auf Deinem Weg zu Bestnoten bereits investiert hast. Frage Dich selbst: Ist Dein momentanes Tief es wirklich wert, all den ganzen Aufwand nun einfach so in den Wind zu schießen?

Schreibe während Deines Spaziergangs einem guten Freund oder einer guten Freundin von Dir, und biete ihm oder ihr folgendes Geschäft an – das Konzept nennt sich **Die „20-Euro-Methode“**. Gib Deinem Freund beziehungsweise Deiner Freundin 20 Euro. Wenn Du die noch anstehende(n) Aufgabe(n) bis zu einem gemeinsam vereinbarten Zeitpunkt fertigstellt, bekommst Du das Geld zurück.

Wenn nicht, darf Dein Freund beziehungsweise Deine Freundin das Geld behalten (damit das funktioniert, musst Du ihn oder sie natürlich auch grob in die anstehenden Aufgaben einweihen – sonst fällt der gewünschte Kontrollmechanismus des Spiels weg).

Dieses Spiel funktioniert so gut, weil es nicht viel Überwindung kostet, Deinem Freund oder Deiner Freundin 20 Euro zu geben. Der Wille, Dein Geld zurückzukriegen, kann Dir aber so viel Energie für Deine Schulaufgaben verleihen, dass Du die noch zu erledigenden Aufgaben mit links machen wirst. Achte darauf, dass Du dieses Spiel auch wirklich nur mit jemandem spielst, dem / der Du vertraust.

Bist Du wieder zu Hause, begibst Du Dich am besten ohne Umwege direkt an Deinen Schreibtisch – beziehungsweise dahin, wo Du ungestört die anstehenden Aufgaben erledigen kannst.

Der Spaziergang, den Du unternimmst, sollte aber auf keinen Fall ein neuer Vorwand sein, Deine Arbeit zu vernachlässigen, und nicht länger als 15 Minuten dauern.

Mein persönlicher Tipp: Denk nicht allzu viel über die bevorstehende Arbeit nach, wenn Du zurückkommst – just do it! Dazu kannst Du im Kopf von Fünf bis Null runter zählen. Dieser Countdown hilft Dir, Dich darauf einzustellen, unmittelbar nach der Null mit den Aufgaben zu beginnen.

Wenn das alles nicht hilft, solltest Du Dich noch einmal ernsthaft Deinem „Warum“ widmen. Sieh Dir die Visualisierung Deiner Beweggründe an, und frage Dich, ob Du Dein Ziel auf diese Weise wirklich erreichen wirst. Halte Dir den Spiegel vor – Du wirst erkennen, wie gravierend Du Dich selbst betrügst. Hört sich fies an, wirkt aber.

Um Dir die Arbeit für die Schule während eines solchen Motivationstiefs zu erleichtern, kannst Du Dich – nach getaner Arbeit natürlich! – selbst belohnen. Verspreche Dir zum Beispiel selbst: „Wenn ich mit meiner Deutsch-Vorbereitung für heute durch bin, esse ich eine Tafel Schokolade“ oder „Wenn ich diese Mathe-Aufgabe beendet habe, schaue ich eine Folge meiner Lieblingsserie“.

Für noch mehr Motivation kannst Du Dir einen Schulkameraden oder eine Schulkameradin vor Augen führen und Dir seine beziehungsweise ihre Leistungen als Vorbild nehmen. Natürlich sollte sich dieser Schulkamerad oder diese Schulkameradin durch hervorragende Schulleistungen auszeichnen.

Mache Dir dann klar, dass auch dessen beziehungsweise deren Leistungen nicht von ungefähr kommen und dass Du auch erreichen kannst, was er oder sie geschafft hat – wenn Du jetzt nur endlich Deinen Allerwertesten hochkriegst!

Der folgende Geheimtipp hat es in sich: Such doch mal bei YouTube nach Motivationsreden von Persönlichkeiten wie Tony Robbins oder Jordan Peterson wie etwa „Tony Robbins Study Motivation“ oder „Jordan Peterson School Motivation“ – hier gibt es viele tolle Filme, in denen Du Dir die Reden dieser Erfolgstrainer anhören kannst. Oft sind diese Videos auch noch mit euphorisierender und kämpferischer Musik unterlegt, die Dich in einen regelrechten Workflow versetzen können.

Ich erinnere mich noch sehr gut an die Zeit meiner Abitur-Vorbereitung. Während dieser Zeit habe ich jede meiner Lernphasen mit einem Motivationsvideo begonnen – rückblickend betrachtet hat mir das sehr geholfen.

Mal ganz abgesehen von den Motivationsvideos – such Dir Deinen ganz persönlichen Sound, der Dich bei Deinen Aufgaben begleitet. Mir helfen zum Beispiel die Soundtracks von Blockbustern wie „Interstellar“ oder „Inception“ beim Lernen – sie geben mir Kraft und motivieren mich. Gleichzeitig sind die Stücke aus diesen Soundtracks so dezent, dass sie mich beim Lernen nicht ablenken. Experimentiere einfach selbst, welche Musik Dir beim Lernen am besten weiterhilft.

Sei Dir einer Sache immer bewusst: Die Flaute, die Dich von Deiner Arbeit abhält, existiert meistens nur in Deinem Kopf – Du allein bist dafür verantwortlich und niemand sonst. Denn letztendlich entscheidest Du, ob Du Erfolg in der Schule hast oder nicht. Du trägst die Verantwortung – das ist die schlichte Wahrheit.

Hör auf, wertvolle Zeit zu verschwenden, und ran an die Arbeit!

Motivationstiefs effektiv bewältigen

1. **Komm in Bewegung** und geh für 15 Minuten an die frische Luft.

2. Wende die **„20-Euro-Methode“** an.

3. **Besinne** Dich auf Deine bisherigen Erfolge und Bestleistungen.

4. **Zähle von 5 bis 0 runter** und gib Vollgas. Nicht lange nachdenken, sondern einfach mal machen.

Warum Du Perfektionismus unbedingt vermeiden solltest

Auch, wenn im Wort „Perfektionismus“ das Wort „perfekt“ steckt – Perfektionismus gibt es per se nicht und ist keineswegs etwas, was Du anstreben solltest!

Das gilt für Klausuren und die Vorbereitung für die Schule ebenso wie für die mündliche Mitarbeit – stell Dir vor, Du würdest in Klassenarbeiten stundenlang an einer Formulierung feilen und so wertvolle Zeit für die anderen Aufgaben verschwenden.

Anderes Beispiel: Du brütest in der mündlichen Mitarbeit so lange über der perfekten Antwort, dass Du am Ende gar nichts beiträgst. Oder Du hältst Dich bei der Klausurvorbereitung mit den kleinsten Details auf und schiebst so den eigentlich relevanten Stoff immer weiter auf.

Es gibt Schüler, die scheinbar pausenlos lernen und trotzdem schlechte Noten schreiben. Und dann gibt es diejenigen, die bedeutend weniger lernen und trotzdem sehr gute Noten erzielen.

Das Pareto-Prinzip 80 / 20

Der sogenannte Pareto-Effekt besagt, dass mit nur 20 % des Gesamtaufwands bereits 80 % der Ergebnisse erreicht werden können. Das hat der italienische Ökonom und Ingenieur Vilfredo Pareto herausgefunden. Siehe Abbildung rechts.

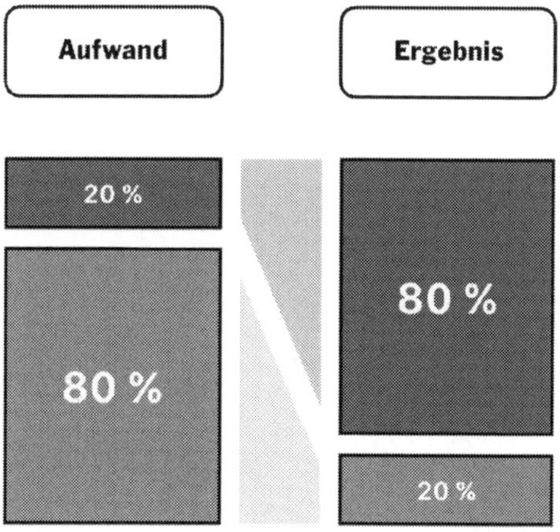

Stell Dir vor, eine Frau will ihren Geburtstag feiern und entschließt sich, davor gründlich aufzuräumen. Sie entstaubt die Regale, saugt, räumt auf und kocht. Sie könnte nun zwar auch noch unter den Teppichen saubermachen und die Küche putzen, doch da stehen schon die Gäste vor der Tür. Die Frau ist aber nicht unzufrieden mit ihrem Ergebnis. In die schmutzige Küche werden die Gäste nicht gehen – und schon gar nicht unter den Teppichen nachsehen.

Das Pareto-Prinzip ist also das genaue Gegenteil von Perfektionismus – denn Du investierst wesentlich weniger Zeit und erreichst trotzdem eine sehr gute Leistung.

Um auch in der Schule vom Pareto-Effekt zu profitieren, darfst Du Dich während des Lernens nicht zu sehr mit Details aufzuhalten. Es bringt nämlich nichts, minutiös Dein Schulbuch oder einen Wikipedia-Artikel auswendig zu lernen.

In den meisten Fällen genügt es, das zu lernen, was in der Prüfung höchstwahrscheinlich auch abgefragt wird. Wenn Du das draufhast – und Dir das Kapitel „Klausuren meistern“ durchgelesen hast –, kannst Du damit überragende Leistungen erzielen.

In der Praxis bedeutet das: Verzichte bei Deinen Klausurvorbereitungen auf überdimensionierte Lernzettel, auf die Du Dir womöglich ganze Fließtexte über die behandelten Texte geschrieben hast. Vielmehr solltest Du das Wissen so komprimiert wie möglich – am besten auf Karteikarten und in Form von Stichpunkten – notieren. So ersparst Du Dir extrem viel Zeit, ohne dass Deine Leistung beeinträchtigt wird.

Achtung! Benutze den Pareto-Effekt nicht als Ausrede, Dich zurückzulehnen, die Beine hochzulegen und Dich nicht mehr hundertprozentig für gute Leistungen in der Schule zu engagieren.

Nimm ihn als Anregung, zielgerichtet und effektiv zu lernen. So kannst Du mit einem Bruchteil der Arbeit, die Du früher in die Schule gesteckt hast, astreine Leistungen erzielen.

Denn: **Es ist besser, alle anstehenden relevanten Aufgaben zufriedenstellend zu erledigen, als nur eine Aufgabe „perfekt" abzuschließen.** Ein Schulalltag, bei dem Du Dich nach dem Pareto-Prinzip richtest, macht das möglich.

Effektiv lernen: Die perfekte Vorbereitung

Wenn Du es geschafft hast, die drei Methoden des vorherigen Kapitels in Deinem Schulalltag zu verwirklichen, hast Du bereits eine der drei Säulen, die Deinen Weg zum Top-Schüler stützen, aufgestellt – herzlichen Glückwunsch!

Mit einer starken Motivation für die Schule wirst Du deutlich bessere Leistungen erbringen können! Wenn Du daneben auch noch starke Werkzeuge zum Lernen kennst, kannst Du Deinen Erfolg noch viel weiter steigern! Mit der richtigen Lernmethode wirst Du in der Lage sein, in der gleichen Zeit viel mehr Wissen aufzunehmen und effizienter und ergiebiger zu lernen.

In der ersten Lektion dieses Kapitels werde ich Dir meine Techniken zum Auswendiglernen vorstellen, mit deren Hilfe es Dir erheblich leichter fallen wird, Wissen aufzunehmen und lange abzuspeichern.

Anschließend werde ich Dich mit der Pomodoro-Technik vertraut machen – einem Werkzeug, mit dem Du beim Lernen resistenter gegen Ablenkungen und Müdigkeitserscheinungen wirst.

Der dritte Punkt beinhaltet Strategien, mit denen Du Deine schriftlichen Noten massiv verbessern wird. In dieser Lektion erfährst Du alles, was Du für Top-Noten in Deinen Klausuren wissen musst.

Zum Schluss dieses Kapitels verrate ich Dir meine Lieblingsmethode zum effektiven Priorisieren von schulischen Aufgaben – damit Du Deine Kraft vermehrt in diejenigen Aufgaben steckst, die wirklich relevant sind.

Auswendiglernen Schritt für Schritt

Seien es Vokabeln, historische Daten oder mathematische Formeln – oft ist es in der Schule notwendig, Dinge auswendig zu lernen. Solche Daten sind in Klausuren meistens von großer Wichtigkeit, aber manchmal kannst Du mit Hintergrundwissen auch wunderbar in der laufenden Kursarbeit punkten!

Fakt ist: Vielen Schülern fällt es schwer, Wissen auswendig zu lernen. Oft sind die Formeln oder Daten, die wir in unsere Köpfe hämmern wollen, nach einer Stunde schon wieder wie ausradiert – und der Spaß geht wieder von vorne los. Ein echter Motivationskiller, oder?

Aber kein Grund zur Verzweiflung! Gleich erfährst Du meine wichtigsten Tipps, mit denen das Auswendiglernen für mich ein Klacks wurde!

Der erste Fehler, der beim Auswendiglernen von Schulstoff leider oft gemacht wird, ist fehlende Kontinuität. Oft wird Stoff nur einmal gelernt, dabei ist es viel effektiver, das Gelernte regelmäßig zu wiederholen. Damit signalisierst Du Deinem Gehirn, dass das, was Du gerade lernst, wichtig für Dich ist, und erhöhst somit gleichzeitig die Wahrscheinlichkeit, dass der Stoff im Langzeitgedächtnis – also für immer – abgespeichert wird.

Ein weiteres Missverständnis ist der Gedanke, dass der Schulstoff effektiv auswendig gelernt werden kann, wenn er nur immer wieder und wieder gelesen wird. Das stimmt leider nicht – durch stumpfes Lesen des Stoffs wird unser Hirn kaum dazu angeregt, die Informationen ins Langzeitgedächtnis zu verschieben.

Wenn Du zum Beispiel eine Formelsammlung oder eine Liste mit Vokabeln verinnerlichen willst, wirst Du kaum Fortschritte erreichen, wenn Du diese Liste immer wieder von oben bis unten durchliest. Teile Dir den Stoff stattdessen in kleine Häppchen auf: Setze Dir zum Beispiel erstmal fünf Vokabeln als Ziel – so kannst Du Dich auf die einzelnen Wörter viel besser konzentrieren.

Dann kannst Du mit dem eigentlichen Lernen beginnen. Aber lerne mit Struktur! Schreibe den Stoff, den Du auswendig lernen musst, zum Beispiel auf eine Karteikarte. Auf die eine Seite das Wort in der Zielsprache, auf die andere Seite das Wort in der Muttersprache.

Ähnlich kannst Du das bei mathematischen Formeln machen. Willst Du etwa die PQ-Formel lernen, schreibst Du auf eine Seite die Formel und auf die andere die Definition wie etwa: „Formel, um Nullstellen zu berechnen“.

Dann arbeitest Du den Stoff durch. Lege die Karteikarten, bei denen Du Dir die Rückseite schon eingeprägt hast, auf einen Stapel. Die Karteikarten, bei denen es noch hakt, kommen auf einen anderen Stapel.

Im nächsten Schritt gehst Du den Stapel der Karten, bei denen Du noch Schwierigkeiten hattest, erneut durch. Alle Karteikarten, bei denen es jetzt besser läuft, legst Du auf den Stapel der Karteikarten, die Du schon kannst.

Anschließend gehst Du noch einmal alle Karteikarten durch und teilst sie erneut in zwei Stapel ein. Mit diesem abwechselnden Lernen des schwierigen und des bereits verinnerlichten Stoffs wird der Lerneffekt massiv gesteigert. Denn so wird der Stoff, bei dem es noch hapert, besonders intensiv gelernt.

Außerdem solltest Du beim Auswendiglernen immer versuchen, Deine verschiedenen Sinne zu beanspruchen. Das Vokabellernen wird Dir zum Beispiel viel leichter fallen, wenn Du auf Deine Karteikarten neben die jeweilige Vokabel auch eine kleine Zeichnung malst, die mit dem Wort zu tun hat.

Außerdem kann es Dir helfen, die Vokabel bei jedem Lerndurchgang einmal laut zu sagen. Damit beanspruchst Du zusätzlich noch Deinen Gehörsinn, wodurch die Wahrscheinlichkeit, dass Du das Wort behältst, noch einmal steigt.

Wenn es Dir zeitlich möglich ist, verlagere Deine Sessions zum Auswendiglernen in die Abendstunden. Achte darauf, dass das Auswendiglernen das Letzte ist, womit Du am Abend Deinen Kopf beanspruchst. Denn siehst Du Dir danach noch für eine Stunde Videos auf YouTube an, verdrängen die Clips das zuvor Gelernte.

Legst Du Dich stattdessen gleich schlafen, verarbeitet Dein Gehirn währenddessen den Stoff. Und das Beste: Im Schlaf werden viele Informationen vom Kurz- ins Langzeitgedächtnis verlagert!

Beim Auswendiglernen Musik zu hören, ist ebenfalls sehr effektiv. Es eignet sich allerdings nur Instrumentalmusik, also Musik ohne Gesang. Achte auch darauf, dass Du nicht etwa Heavy Metal hörst, sondern ruhige und entspannende Musik. Studien haben gezeigt, dass diese Musik die Hirnregionen beim Lernen stärker vernetzen kann, wodurch Deine Aufnahmefähigkeit steigt.

Nun möchte ich Dich noch mit einer ganz besonderen Methode vertraut machen, die in meinen Augen sogar noch effektiver ist als bloßes Lernen mit Karteikarten: die **Loci-Methode**.

Die Loci-Methode funktioniert so, dass wir bestimmte Bilder in unserer Umgebung mit dem zu lernenden Stoff verbinden.

Das klingt vielleicht erstmal neu für Dich, aber lass mich Dir folgende Geschichte erzählen: Als mein Bruder in der 8. Klasse war, sollte er im Rahmen des Politikunterrichts die 16 deutschen Bundesländer auswendig lernen. Das wollte bei ihm einfach nicht klappen!

Irgendwann war er so verzweifelt, dass er überall im Flur unserer Wohnung kleine gelbe Klebezettel aufhängte – insgesamt sechzehn, für jedes Bundesland einen. Im Flur hing dann zum Beispiel der Zettel für Bayern, auf der Wäschetruhe der für Hamburg und so weiter.

Tag für Tag ging er nun ganz normal durch den Flur und prägte sich ganz nebenbei die gelben Zettel ein. Kurz vor dem Test entfernte er die Klebezettel von den Gegenständen in unserem Flur. Nun konnte er einfach durch unseren Flur gehen, und allein durch das Betrachten der Gegenstände, an denen zuvor die Zettel hingen, hatte er alle Bundesländer vor Augen.

Als im Politikunterricht schließlich der Test über die Bundesländer geschrieben wurde, erzielte mein Bruder die **volle Punktzahl**. Was mich sehr beeindruckte. Also fragte ich ihn, wie er das gemacht habe. Er erzählte mir dann, dass er während des Tests in Gedanken einfach „den Flur abgelaufen" ist. Genial!

Die **Loci-Methode** basiert darauf, dass wir Informationen mit alltäglichen Gegenständen verknüpfen. So werden in unserem Gehirn Verbindungen hergestellt – das Hirn assoziiert etwa die Wäschetruhe mit Hamburg, was uns wiederum dabei hilft, Informationen einfacher und effektiver abzuspeichern.

Ob historische Daten, Formeln oder Vokabeln – bei der Loci-Methode sind Dir keine Grenzen gesetzt. So kann die Waschmaschine zum Tag des Mauerfalls, die Obstschale in der Küche zur Formel der Relativitätstheorie oder das Sofa im Wohnzimmer zur Definition des ökologischen Toleranzbereichs werden ...

In der Oberstufe habe ich mir oft Loci-Routen ausgedacht, die ich dann mit Schulinformationen verknüpft habe. So ist es mir ganz leichtgefallen, Stoff auswendig zu lernen. Und mit der Loci-Methode macht das Lernen sogar echt Spaß - einfach deshalb, weil die Technik so verboten effektiv ist.

Auswendiglernen Schritt für Schritt

1. **Übe kontinuierlich.**
2. Nicht nur lesen - **arbeite mit Karteikarten.**
3. **Teile** Dir den Lernstoff in kleinere Einheiten (Häppchen) auf.
4. **Beanspruche verschiedene Sinne!** Sehen, hören, fühlen, schmecken, riechen. Assoziationen fördern Dein Gedächtnis.
5. **Lerne am Abend,** insbesondere vorm Schlafengehen.

Geniales Zeitmanagement mit der Pomodoro-Technik

Kennst Du diese Situation auch? Du willst lernen – sei es für den Unterricht oder für eine Klausur – und am Anfang bist Du noch ambitioniert und voller Schaffenskraft. Die Arbeit geht Dir leicht von der Hand, und Du hast Dein Ziel noch klar vor den Augen. Nach gerade einmal einer halben Stunde merkst Du aber, wie Du träge und langsamer wirst, Dich mit anderen Dingen (soziale Netzwerke, Handyspiele, Surfen etc.) ablenkst und Dein eigentliches Ziel aus den Augen verlierst.

Und nach etwa einer weiteren halben Stunde fällt Dir auf, dass Du ja eigentlich Dinge für die Schule erledigen wolltest! Du setzt Dich also wieder an Deine Aufgaben – aber irgendwie fällt es Dir nun so richtig schwer, wieder in Deinen Workflow zu kommen und Deine Arbeit effizient zu erledigen. Weil Dich jetzt schon frustriert, wie viel Zeit Du verschwendet hast, begibst Du Dich auf YouTube und siehst Dir dort Katzenvideos an... Wer kennt das nicht?

Dieses Problem (so oder in ähnlicher Form) haben täglich Tausende – und nebenbei gesagt, nicht nur Schüler, sondern auch Studenten, Arbeitnehmer und große Unternehmer! Der simple Grund dafür ist, dass Menschen einfach die falschen Lern- und Arbeitsstrategien nutzen.

Jeder von uns kann sich nur für eine begrenzte Zeit wirklich gut konzentrieren. Dazu ein interessanter Fakt: **Die durchschnittliche Konzentrationsspanne eines Menschen entspricht in etwa 25 Minuten.**

Viele Menschen ignorieren aus Unwissenheit. Damit Du in Zukunft so effektiv und angenehm wie möglich lernen kannst, möchte ich Dir in dieser Lektion eine Methode vorstellen, mit der Du die Art, wie Du lernst, perfektionierst!

Wie eben schon beschrieben, sind es gerade einmal 25 Minuten, in denen wir uns - am Stück - idealerweise konzentrieren können. Danach lässt unsere Leistung allmählich nach.

Die sogenannte **Pomodoro-Technik** setzt genau hier an. Sie ist einfach anzuwenden, und Du kannst sie ganz einfach direkt in Deinen Lernalltag einbauen. Mit der Pomodoro-Technik stückelst Du Deine Lernphasen in 25-Minuten-Sequenzen. Du lernst also eine knappe halbe Stunde lang und baust anschließend eine 5-Minuten-Pause ein.

Anschließend setzt Du Dich wieder für 25 Minuten an Deinen Schreibtisch – und dann folgt wieder eine fünfminütige Pause.

Nach weiteren zwei 25-Minuten-Durchläufen gönnst Du Dir dann 20 Minuten Pause. Danach kannst Du – wenn Du mit Deiner Arbeit noch nicht fertig bist – einen weiteren Pomodoro-Zyklus durchlaufen.

Wichtig ist, dass Du Dir für die Pomodoro-Technik **exakt eine Aufgabe aussuchst, die Du unbedingt erledigen willst**. Eine Aufgabe muss nicht genau aus nur einer Tätigkeit bestehen – aber lege vorher fest, was Du erledigen willst. So stellst Du sicher, dass Du von Deinem eigentlichen Ziel nicht abkommst.

Am allerbesten bist Du in der 5-Minuten-Pause aktiv – gehe ein paar Schritte, oder laufe einmal um den Block. Damit schaffst Du ein gutes Gegengewicht zur Arbeit.

Achtung! Die Beschäftigung mit dem Smartphone während der Pause kann sich negativ auf Deinen Workflow auswirken. Gerade soziale Netzwerke wie Facebook oder Instagram fluten Dein Gehirn mit Informationen, die den Stoff, den Du eben durchgegangen bist, womöglich verdrängen.

Die Vorteile der Pomodoro-Technik sind vielseitig. Mit ihr arbeitest Du mit maximaler Konzentration und Effektivität. Und dadurch, dass die Intervalle genau 25 Minuten lang sind, wird das menschliche Konzentrationsvermögen von knapp einer halben Stunde optimal ausgenutzt.

Die 5-Minuten-Pause lässt Dich wieder regenerieren – damit ist Dein Energiespeicher für die nächste 25-Minuten-Session wieder aufgeladen.

Außerdem gerätst Du mithilfe der Pomodoro-Technik in einen Workflow – die Zeiten einzuhalten und pünktlich nach der 5-Minuten-Pause wieder zur Arbeit zurückzukehren, macht sogar fast ein bisschen süchtig.

Mit der längeren 20-Minuten-Pause belohnst Du Dich für die Zeit, in der Du so stringent gearbeitet hast. Richtig angewendet kannst Du mit der Pomodoro-Technik an einem Tag ein Pensum schaffen, für das Du ansonsten eine Woche brauchst.

Mittlerweile gibt es sogar schon Apps, die sich das Konzept der Pomodoro-Technik zu eigen gemacht haben. Mit der Anwendung „Forest" kannst Du zum Beispiel einen 25-Minuten-Timer stellen. Während Du arbeitest, wird ein kleiner virtueller Baum gepflanzt – in einem ebenfalls virtuellen Park kannst Du dann nach den Zyklen Deine Bäume bewundern. Wenn Du während Deiner 25-Minuten-Phase allerdings Dein Handy benutzt, vertrocknet der Baum und Du musst von vorn beginnen. Der spielerische Charakter von „Forest" kann für Dich noch ein zusätzlicher Motivationsschub sein.

Auch wenn Du die Pomodoro-Technik ohne App anwendest, solltest Du aber versuchen, Ablenkungen zu vermeiden. Benutze Dein Smartphone dann am besten nur als Timer.

Lass Dich nicht ablenken, und schaffe alles, was Dich von der Arbeit abhalten könnte, aus dem Weg! Denn schon die kleinste Ablenkung kann dazu führen, dass Du aus dem Rhythmus kommst. Wenn Du gerade eine tolle Idee hast, die Dich aber vom Arbeiten abhalten würde, dann mach Dir eine Notiz und lege den Zettel anschließend beiseite.

Halte den Pomodoro-Zyklus unbedingt ein. Auch wenn Du das Gefühl hat, dass Du gerade so richtig produktiv bist – lass Dich nicht dazu verführen, einfach weiterzumachen, obwohl eigentlich eine 5-Minuten-Pause ansteht. Wenn Du beispielsweise gerade einen richtig guten Gedanken hast, wenn der Wecker klingelt, kannst Du diesen Gedanken aufschreiben und nach der 5-Minuten-Pause wieder daran anknüpfen.

Du hast das Gefühl, dass Dir das Lernen jetzt ganz leichtfällt? Dann darfst Du trotzdem nicht vergessen, dass diese Lerntechnik Deine Energiespeicher extrem beansprucht! Achte also genau darauf, die Zeiten einzuhalten, damit Du möglichst lange leistungsfähig bleibst!

Wenn Du die Möglichkeit dazu hast, kannst Du Dir einen oder zwei Partner suchen, mit denen Du die Pomodoro-Technik gemeinsam anwenden kannst. So könnt ihr eure Pausenzeiten synchronisieren und sicherstellen, dass ihr nicht schummelt.

Wie jede Technik muss auch Pomodoro erst einmal geübt werden. Es braucht eine ganze Menge Disziplin, sich an den Zeitplan zu halten und sich nicht ablenken zu lassen. Darum beginne langsam und arbeite Dich dann weiter hoch, bis Du immer mehr Pomodoro-Zyklen schaffst.

Für den Anfang rate ich Dir, einen Zyklus – also viermal 25 Minuten – durchzuarbeiten. Danach kannst Du Dich immer noch steigern. Gehe das Ganze ruhig an, und setze Dich nicht zu sehr unter Druck – das könnte sich negativ auf Dein Arbeitsergebnis auswirken!

Jetzt wünsche ich Dir viel Spaß und Erfolg mit der Pomodoro-Technik. Wenn Du sie richtig anwendest, ist diese Strategie für Deinen schulischen Erfolg pures Gold.

Klausuren meistern wie ein Profi

Dass Klausuren wichtig sind, ist nichts Neues. Oftmals machen sie 40 % der Gesamtnote aus – also der Note, die am Ende auf Deinem Zeugnis steht. In einigen Fällen sind es sogar 50 %!

Die Bedeutung von Klausuren geht aber in vielen Fällen weit darüber hinaus: Oft schließen die Lehrer von der Klausurnote nämlich auch auf die Beteiligung im Unterricht.

Mein Deutschlehrer in der 7. Klasse zum Beispiel hat Mitarbeitsnoten vergeben, die seltsamerweise fast immer 1 zu 1 identisch mit den Klausurnoten waren.

Die meisten Lehrer schaffen es nicht, die Schüler tatsächlich anhand ihrer Kursarbeit zu bewerten. Deswegen wird die Klausur leider nicht selten zur Grundlage der Gesamtbewertung. Du solltest Dir also darüber im Klaren sein, dass Deine Klausurnoten absolut essenziell für Deinen Gesamterfolg in der Schule sind.

Will heißen: In den Klausuren solltest Du Vollgas geben und Dein Hauptaugenmerk darauf richten. Im Folgenden werde ich Dir einige wertvolle Strategien vorstellen, mit denen Deine nächste Klassenarbeit garantiert ein voller Erfolg wird.

Natürlich ist es unerlässlich, für Klausuren die nötigen Vorbereitungen zu treffen und ausreichend zu lernen – in diesem Abschnitt geht es allerdings um die tatsächliche Klausur. Ich zeige Dir, was Du konkret beachten musst, wenn Du Dich in einer Prüfungssituation befindest!

Zuerst einmal solltest Du Dich trainieren, eine Schrift zu entwickeln, die Du schnell zu Papier bringen kannst. Ein flinker Schreiber spart nicht nur mehr Zeit – eine schwedische Studie hat auch gezeigt, dass schnelles Schreiben auch jene Teile des Hirns anregt, die zur Verknüpfung von Gedanken dienen.

Schnelles Schreiben kann sich also durchaus positiv auf Deine Leistungsfähigkeit während der Klausur auswirken!

Um eine Klausur zielsicher und ohne über die Aufgaben erstmal nachgrübeln zu müssen, zu meistern, solltest Du außerdem die Operatoren auswendig lernen.

Großes Fragezeichen? Operatoren sind Verben wie „Erläutere", „Fasse zusammen", „Analysiere" oder „Stelle dar", mit denen die meisten Arbeitsanweisungen in Klausuren beginnen.

Warum die Operatoren so wichtig sind? Ganz einfach, weil sie verschiedene Bedeutungen haben. Wenn im Arbeitsauftrag etwa steht, Du sollst einen Sachverhalt zusammenfassen, sollst Du nicht stundenlang darüber brüten oder gar analysieren, sondern den Sachverhalt schlicht und einfach kurz wiedergeben.

Viele Schüler schneiden sich bei Klausuren ins eigene Bein, weil sie die Operatoren nicht ausreichend kennen.

Die Operatoren sind von Bundesland zu Bundesland unterschiedlich – deshalb gibst Du am besten in die Suchmaschine Deiner Wahl „Operatoren Bundesland x" ein. So erhältst Du eine Liste mit allen Arbeitsanweisungen, die für Dein Bundesland relevant sind.

Abgesehen von den Operatoren solltest Du Dir den Arbeitsbogen gründlich ansehen, um sicherzustellen, dass Du keine Aufgaben übersehen hast. Nicht dass ich Dich für so unkonzentriert halte – aber mir selbst ist das schon passiert ...

Wenn Du Dir sicher bist, dass Du alle Aufgaben erfasst hast, kannst Du Dich an die zeitliche Planung machen. So vermeidest Du, dass Du mit der Zeit nicht auskommst.

Ich habe früher oft den Fehler gemacht, mich viel zu lange mit einer Aufgabe aufzuhalten, und dann hatte ich fast keine Zeit mehr für die anderen Aufgaben. Damit Dir das nicht passiert, solltest Du bei jeder Klausur 1 - 2 Minuten darauf verwenden, zu überlegen, wie viel Zeit Du für die jeweilige Aufgabe benötigst.

Achte dabei auf zwei Dinge: Erstens auf die Punkte, die Du bei der jeweiligen Aufgabe maximal erzielen kannst (schließlich sind Aufgaben mit 20 möglichen Punkten wichtiger als solche mit nur 10); zweitens auf die Operatoren. Analysen, Stellungnahmen und Erörterungen nehmen zum Beispiel wesentlich mehr Zeit in Anspruch als etwa Zusammenfassungen oder Darstellungen.

Halte Dich dann während der Bearbeitung der Aufgaben auch an Deine eigenen Zeitvorgaben – betrachte sie nicht als Empfehlung, sondern als Verpflichtung! Das ist notwendig, um am Ende auch wirklich mit der Zeit auszukommen.

Nun kannst Du Dich an die gründliche Sichtung des Arbeitsmaterials machen. Auch hierfür solltest Du noch einmal einige Minuten einplanen. Vielleicht denkst Du jetzt, dass das alles ja ganz schön viel Zeit in Anspruch nimmt, die Dir vielleicht später bei der Erarbeitung fehlen könnte – aber diese zeitliche Investition wird Dir zugutekommen! Denn dadurch, dass Du aufmerksam die Arbeitsaufträge durchliest, nimmst Du mehr Informationen auf, die Du dann in Deiner Klausur verarbeiten kannst, was im Endeffekt zu besseren Ergebnissen führt.

Mach Dir beim Durchlesen der Materialien Notizen, und skizziere, wie Du die Erarbeitung gliedern willst. Ganz besonders hilfreich ist das bei Texten, denn sie erhalten dadurch mehr Struktur – Deine Lehrer werden Dich dafür lieben!

Sobald Du eigene Ansätze entwickeln sollst – sprich: wenn die Aufgabe darin liegt, eigenständig Hypothesen aufzustellen –, darfst Du Dich auf gar keinen Fall auf nur eine einzige fokussieren. Es ist immer schlauer, mehrere Ansätze zu entwickeln und diese aufzuschreiben – natürlich nur dann, wenn nicht ausdrücklich die Entwicklung genau einer Hypothese gefragt ist.

Fahr mehrgleisig! So erhöhst Du die Wahrscheinlichkeit, eine Lösung gefunden zu haben, die mit dem Erwartungshorizont Deines Lehrers übereinstimmt. Das ist einfache Wahrscheinlichkeitsrechnung – so kannst Du die meisten Punkte erzielen.

Lass Deinen inneren Perfektionisten bei einer Klausur zu Hause: Es geht weder darum, ein Kunstwerk zu schaffen, noch darum, die allerbeste Sprache zu verwenden. Klar ist es gut, fachsprachliche Ausdrücke in den Text einzubauen – wenn Du Dich aber schon einmal dabei ertappt hast, minutenlang an einem einzigen Satz zu feilen, sollte Dir das zu denken geben.

Vermeide total abwegige Interpretationen – ganz besonders, wenn es um Deutsch geht. Meist ist die Lösung viel näher, als Du denkst.

Einen letzten simplen Tipp will ich Dir noch mit auf den Weg geben: Nimm Dir für Deine Klausur genug zu Essen und Trinken mit. Nur wenn Du ausreichend mit Flüssigkeit und Nährstoffen versorgt bist, kannst Du während der Klassenarbeit Höchstleistungen erbringen.

Nun wünsche ich Dir viel Erfolg bei Deiner nächsten Klausur! Du packst das.

Klausuren meistern wie ein Profi

1. **Entwickle eine schnelle Handschrift.**

2. **Lerne die Operatoren** - wenn Du weißt, was von Dir erwartet wird, triffst Du stets ins Schwarze.

3. **Lege vor der Bearbeitung fest**, wieviel Zeit Du pro Aufgabe brauchst. Arbeite mit einem Zeitlimit.

4. **Sichte Dein Arbeitsmaterial gründlich!**

5. **Entwickle** mehrere Hypothesen.

Mündlich punkten und den Unterricht dominieren

Die nötigen Mittel für sehr gute Klausuren hast Du bereits – nun möchte ich Dir zeigen, wie Du auch mündlich ein ganz neues Level erreichen kannst.

Genau wie Klausuren einen großen Einfluss auf Deine mündliche Note haben können, kann sich auch Deine Mitarbeit auf Deine schriftliche Note auswirken. Denn wenn Dein Lehrer Dich als ambitionierten und leistungsstarken Schüler wahrnimmt, wird er auch in der Klausur großzügiger mit Dir sein.

Dass Du Dich während der Schulstunde nicht mit Deinen Sitznachbarn unterhalten, sondern Dich auf den Unterricht konzentrieren solltest, dürfte klar sein – abgesehen davon gibt es aber noch so einige Stellschrauben, an denen Du für eine bessere mündliche Leistung drehen kannst.

Wenn Du Dich meldest, solltest Du immer entschlossen und sicher klingen – auch wenn das am Inhalt Deines Beitrags nichts ändert, wird der Lehrer Deinen Beitrag mit einer bestimmten und selbstsicheren Stimmlage automatisch als höherwertig wahrnehmen.

Halte außerdem den Blickkontakt mit Deinem Lehrer, wenn er Dich aufruft – das wirkt intelligent und selbstbewusst. Stimmlage und Augenkontakt kannst Du ganz einfach vor dem Spiegel üben.

Ein weiterer großer Vorteil ist, wenn Du während der Schule auf Dein äußeres Erscheinungsbild achtest – ein gepflegtes Äußeres wird unbewusst als Souveränität wahrgenommen. Ich habe während meiner Schulzeit in der Schule immer ein Hemd getragen und mich so von meinen Mitschülern äußerlich abgehoben.

Wenn Du in der mündlichen Mitarbeit in den Einserbereich aufsteigen willst, gibt es nur eins: melden, melden, melden! Egal, ob Du Dir sicher bist, dass Deine Antwort richtig ist oder nicht.

Versuche, Dir, noch während Du Dich meldest, eine Antwort zu überlegen. Beginne Deine Antwort dann mit den Worten: „Ich vermute, dass ...“ oder „Kann es sein, dass ...“. So kann Dich der Lehrer nicht auf Deine Antwort festnageln, wenn sie nicht gänzlich richtig ist. Du formulierst Deine Antwort also als Vermutung.

Trotzdem zeigst Du auf diese Art und Weise Einsatzbereitschaft. Die meisten Lehrer setzen die Note für die mündliche Mitarbeit zu gleichen Teilen aus Qualität und Quantität Deiner Beiträge zusammen. Wenn Dein Arm immer oben ist, wirst Du – was die Quantität angeht – viel besser abschneiden.

Du kannst Dir auch eine Strichliste mit einem festen Ziel an Wortmeldungen anlegen, die Du pro Quartal oder Halbjahr erreichen willst.

Um darüber hinaus auch noch an dem inhaltlichen Gehalt Deiner Beiträge zu feilen, ist die Vorbereitung auf die Stunde von essenzieller Bedeutung – frage Deine Lehrer am besten, was in der kommenden Stunde behandelt wird, und sieh Dir zu Hause passendes Material an. Gleichzeitig signalisierst Du Deinen Lehrern so ein hohes Interesse am behandelten Thema, was Dir bei der Bewertung ebenfalls zugutekommen kann.

Wenn es Dir am Anfang noch schwerfällt, Dich bei jeder Frage zu melden, kannst Du Dir vorerst auch kleinere Ziele setzen. Nimm Dir etwa vor, Dich in der kommenden Stunde dreimal zu melden. Um Dir solche Ziele zu setzen, kann Dir abermals der

Abschnitt „Was will ich? – Zielfindung und Motivation" behilflich sein.

Du bist schüchtern und hast Probleme damit, mündliche Beiträge einzubringen? Die Antwort auf Dein Problem ist hart: Da musst Du durch! Aber ich verspreche Dir: Wenn Du Dich erstmal überwunden hast, wird es Dir irgendwann ganz leichtfallen, Dich zu melden.

Es mag übertrieben klingen – aber notiere Dir während der Stunde auch, was Du mündlich beigetragen hast. Das ist nämlich später bei der Notenbesprechung ein riesiger Vorteil.

Wenn Du zum Beispiel in einer Biologiestunde über Proteinbiosynthese einen entscheidenden Beitrag geleistet hast, solltest Du Dir das unbedingt aufschreiben. Sollte Dein Lehrer Dir nämlich eine schlechtere Note geben, als Du erwartet hast, kannst Du Deine positive Mitarbeit als Argumentationshilfe verwenden. Sage dann Dinge wie: „Erinnern Sie sich noch, als ich an Tag x an der Tafel die Translation erklärt habe?".

So kannst Du bei Deinen Lehrern nochmal gezielt Deine besten Leistungen hervorrufen – und somit die Wahrscheinlichkeit erhöhen, dass Deine Lehrer Dir noch einen oder zwei Punkte mehr geben.

Um Deine Lehrer darauf aufmerksam zu machen, dass Du Deine mündliche Note verbessern willst, kannst Du auch nach jeder Stunde zu ihnen gehen und sie nach Deiner Leistung fragen.

Dieses Vorgehen hat drei entscheidende Vorteile: Wenn Du in der Stunde eine sehr gute Leistung erbracht hast, führst Du das Deinem Lehrer oder Deiner Lehrerin noch einmal vor Augen. Womöglich macht er oder sie sich unmittelbar nach eurem Gespräch einen Vermerk darüber.

Wenn Dein Lehrer oder Deine Lehrerin Dir eine Note nennt, die noch unter Deinen Erwartungen liegt, kannst Du direkt fragen, was Du noch verbessern kannst. Wenn er oder sie Dir aber keine konkreten Verbesserungsvorschläge nennen kann, wird er oder sie das Urteil höchstwahrscheinlich noch einmal überdenken – zu Deinen Gunsten.

Um Deine Mitarbeit noch weiter zu steigern, kannst Du Dich für ein freiwilliges Referat melden – eine großartige Möglichkeit, um auch noch kurz vor Ende des Schuljahrs Deine Mitarbeitsnote zu steigern!

Normalerweise kannst Du Dir das Thema hier relativ frei aussuchen. Die Zeit, Dein Referat vorzubereiten, ist im Vergleich zum Einfluss, den es auf Deine mündliche Note haben kann, verschwindend gering – Du kannst also mit vergleichsweise wenig Aufwand einen riesengroßen Effekt erzielen.

Natürlich solltest Du dann auch gut vorbereitet sein und eventuelle Fragen beantworten können. Dafür kannst Du das Referat Deinen Eltern zeigen und sie überlegen lassen, welche Dinge der Lehrer fragen könnte. Kleiner Trick: Wenn der Lehrer nach Deinem Referat auch Fragen von anderen Schülern zulässt, kannst Du mit einigen von ihnen auch vorher schon eine Frage ausmachen – deren Antwort Du dann natürlich schon weißt!

Um beste Voraussetzungen für eine sehr gute Mitarbeit während der Schulstunde zu schaffen, sollest Du Dich bereits in der Pause vorbereiten. Das heißt: Anstatt Dein Telefon zu benutzen oder unter Zeitdruck noch irgendwelche nicht gemachten Hausaufgaben nachzuholen, kannst Du Dich mit etwas Musik entspannen, etwas trinken und essen oder einer Aktivität nachgehen, bei der Du in Bewegung bist.

Es ist Gold wert, sich während der Stunde Notizen zu machen. So kannst Du den Stoff besser wiederholen; viele Lehrer fragen außerdem zu Anfang der Stunde die Schüler, was in der letzten Stunde behandelt wurde. Mit Notizen kannst Du hier punkten – denn Du kannst den Inhalt der gesamten letzten Stunde noch einmal wiedergeben und so einen sehr guten Eindruck bei Deinen Lehrern hinterlassen.

Ganz schön viele Infos, oder? Hier findest Du alle Punkte dieser Lektion noch einmal in der Zusammenfassung:

Mündlich punkten und den Unterricht dominieren

1. **Arbeite an einem selbstsicheren Auftreten.**
2. **Kleide Dich ordentlich.**
3. **Bereite Dich auf eine Stunde vor** und halte ein freiwilliges Referat.
4. **Mach Dir während der Stunde Notizen.**
5. **Frage** Deinen Lehrer nach Deiner Leistung und hol Dir sein Feedback ein – regelmäßig!

Richtig priorisieren mit Hilfe der Eisenhower-Matrix

Manchmal gibt es Momente, in denen die anstehende Arbeit einem förmlich bis zum Hals steht – der Berg an Aufgaben erscheint einfach erdrückend groß, und man weiß nicht, wo man beginnen soll.

In solchen Phasen gibt es nur eines: die Arbeit für die Schule richtig zu priorisieren. So kommst Du aus der „Wo soll ich bloß anfangen"-Starre wieder heraus und kannst endlich anfangen, produktiv zu werden.

Wir Menschen haben nun mal leider die Angewohnheit, uns aus dem großen Haufen an Arbeit die eher weniger relevanten Aufgaben herauszupicken – fatal für die Produktivität.

Die Methode, die ich Dir jetzt vorstellen werde, hilft Dir dabei, wichtige von unwichtigem und dringende von nicht dringenden Aufgaben zu trennen – und so zuerst das zu erledigen, was wirklich relevant ist.

Für die Strategie solltest Du Dir zuerst eine Liste aller Aufgaben machen, die erledigt werden müssen. Das können zum Beispiel Vokabeln sein, die Du bis zum Anfang der nächsten Woche beherrschen musst, oder die Klassenarbeit, die morgen geschrieben wird. Zeichne Dir dann folgende Matrix auf ein Blatt Papier!

Vielleicht ahnst Du bereits, worum es hier geht: Du sortierst alle Deine Aufgaben nach Dringlichkeit und Wichtigkeit – so hast Du am Ende einen genauen Überblick über die Relevanz Deiner Aufgaben.

Sehr dringenden und zugleich wichtigen Aufgaben räumst Du die höchste Priorität ein, dringende, aber nicht so wichtige Aufgaben gehst Du danach an.

Aufgaben, die zwar wichtig, aber nicht so dringend sind, solltest Du terminieren. Du legst also ein Datum fest, zu dem die Aufgabe fertiggestellt werden muss.

Bei weder dringenden noch wichtigen Aufgaben kannst Du Dir die Frage stellen, ob sie überhaupt erledigt werden müssen.

Wie dieses sogenannte „Eisenhower-Prinzip“ in der Praxis funktioniert, möchte ich Dir anhand eines Beispiels verdeutlichen: Nehmen wir einmal an, Du wendest die Eisenhower-Matrix immer montags an. Am Dienstag schreibst Du eine Englischklausur und einen Vokabeltest in Spanisch am Mittwoch.

Am Donnerstag musst Du eine wichtige Hausaufgabe abgeben, mit der Du Deinen Lehrer/Deine Lehrerin überzeugen willst, Dir eine bessere Mitarbeitsnote zu geben.

Schließlich steht dann am Freitag noch eine freiwillige Hausaufgabe an, deren Erarbeitung Dir einige Bonuspunkte bei Deinem Lehrer/Deiner Lehrerin einbringen könnte.

Wie würdest Du die Aufgaben nun priorisieren? Die Klassenarbeit wird morgen geschrieben, ist also sehr dringend. Darüber hinaus handelt es sich bei der Klassenarbeit um eine wichtige Prüfung – schließlich hängt ein Großteil Deiner Note von ihr ab. Die Vorbereitung auf die Klassenarbeit solltest Du also in das Feld Wichtig/Dringend eintragen.

Der Vokabeltest, der am nächsten Tag geschrieben wird, ist zwar auch dringend – aber lange nicht so wichtig wie die Klassenarbeit. Also solltest Du ihn in die Kategorie Nicht wichtig/Dringend eintragen.

Als nächstes wäre da die Hausaufgabe, die Du unbedingt erledigen musst. Diese muss aber erst zu Donnerstag erledigt werden. Du terminierst sie also zum Beispiel auf Mittwoch und trägst sie in das Feld Wichtig/Nicht dringend ein.

Zum Schluss ist da noch die freiwillige Hausaufgabe. Die ist weder wichtig noch dringend. Du kannst sie also getrost in das Feld Nicht wichtig/Nicht dringend eintragen und fürs erste in Deinen Hinterkopf verschieben.

Jetzt hast Du alle anstehenden Aufgaben in die Eisenhower-Matrix eingetragen und einen perfekten Überblick darüber, mit welchen Aufgaben Du anfangen musst und welche Du später erledigst.

Oft widmen wir uns aus Bequemlichkeit erst den einfachen – oft unwichtigen oder nicht so dringenden – Aufgaben. Damit verlieren wir wertvolle Zeit, die wir für die wirklich relevanten Aufgaben bräuchten.

In einem regelmäßigen Rhythmus angewendet ist die Eisenhower-Matrix ein extrem zuverlässiges Tool, um solche Situationen zu vermeiden. Versuche darum, alle schulischen Aufgaben in der Matrix zu erfassen.

Das hier gezeigte Beispiel war vereinfacht. Selbstverständlich fällt über die Woche verteilt oft mehr Arbeit für die Schule an. Insofern kannst Du Deine Arbeit im Grunde jeden Tag in die Eisenhower-Matrix eintragen.

Du organisierst Dein Leben hauptsächlich digital? Dann wird es Dich freuen, dass es die Anwendung „Priority Matrix“ kostenlos für Android als auch für iOS gibt, die das Eisenhower Prinzip nutzt.

Wenn Du die Eisenhower-Matrix und Pomodoro-Technik kombinierst und sie in Deinen Schulalltag integrierst, hast Du eine mächtige Geheimwaffe, mit der Du Unmengen an Zeit einsparen kannst!

Achtsamkeit & Entspannung: Mehr Energie in der Schule

Du kannst die besten Lern- und Motivationstechniken beherzigt haben – wenn die nötige Entspannung beziehungsweise Fürsorge für uns selbst dabei auf der Strecke bleibt, nützt das alles nur die Hälfte.

Unser Körper ist unser Motor, und wenn wir ihn vernachlässigen, kann er nicht auf Hochtouren laufen – wie Profiboxer Floyd Mayweather einst sagte: „Dein Körper ist Dein Tempel. Wenn Du gut zu ihm bist, ist er auch gut zu Dir!"

Ich bin ebenfalls fest davon überzeugt, dass ein gute Gesundheit zu signifikant höheren (Schul-)Leistungen führt!

In der ersten Lektion dieses Kapitels werde ich Dir näherbringen, warum Du jeden Morgen vor der Schule eine kalte Dusche nehmen solltest.

In der zweiten Lektion lernst Du, wie Du mithilfe von Meditation Deinen Kopf freikriegst und Deinen Fokus für die Schule schärfst.

Die letzte Lektion beschäftigt sich mit dem Thema, warum es so wichtig ist, sich für seine eigenen schulischen Leistungen selbst zu belohnen.

Auch wenn Du nun vielleicht der Meinung bist, dass Entspannung nicht so wichtig ist – eigne Dir die im Folgenden vorgestellten Techniken trotzdem an. Damit Du in Sachen Schule das meiste aus Dir herausholen kannst!

Warum Du jeden Tag kalt duschen solltest

Was? Eine kalte Dusche? Was hat das denn mit Entspannung zu tun?“, fragte ich mich anfangs auch, als ein guter Freund mir eines Tages davon erzählte, dass er seit geraumer Zeit Kaltduscher sei. Damals konnte ich nicht begreifen, wie man sich Morgen für Morgen einer solchen Qual aussetzen kann – und heute bin ich überzeugter Kaltduscher!

Kalte Duschen haben – im Gegensatz zu der klassischen warmen Dusche – unzählige Vorteile: Eine eiskalte Dusche verleiht Dir zum Beispiel einen richtigen Kreislauf-Kick. Nach einer kalten Dusche wirst Du Dich fokussiert und wach fühlen.

Das liegt daran, dass durch den Kälteschock, dem Du Dich aussetzt, die Botenstoffe Adrenalin und Cortisol ausgeschüttet werden. Die führen unter anderem zu gesteigerter Aufmerksamkeit und weniger Müdigkeit – so kannst Du Dich viel besser konzentrieren.

Außerdem wird durch die Kälte Dein Herzkreislauf beschleunigt – Dein Körper wird also besser mit Sauerstoff versorgt, was Dir über den gesamten Tag mehr Energie verleiht. Nach einer kalten Dusche fühlst Du Dich also schon zu Beginn des Tages super fit, während Deine Mitschüler noch müde aus der Wäsche gucken.

Gleichzeitig stärkst Du, indem Du Dich jeden Morgen einem eher unangenehmen Ritual stellst, Deinen Willen und auch Deine Persönlichkeit – so wird es Dir (auch außerhalb der Dusche) viel einfacher fallen, Dich schweren oder nervigen Aufgaben zu stellen.

Ein weiterer positiver Effekt ist die Kräftigung Deines Immunsystems. Setzt Du Dich nämlich täglich dem Eiswasser aus, regt das die Produktion weißer Blutkörperchen an, die eine wichtige Rolle bei der Abwehr von Krankheitserregern spielen.

Wir alle kennen diese paar Tage im Jahr, in denen wir wegen irgendeiner nervigen Krankheit mal eine ganze Woche lang flachliegen. Allein die Tatsache, dass Du diese Krankheitsphasen mithilfe kalter Duschen effektiv minimieren kannst, sollte Grund genug für Dich sein, es auszuprobieren! Denn weniger Krankheitstage bedeuten natürlich auch, mehr Zeit zum Lernen und mehr Zeit für die spaßigen Dinge im Leben.

Das waren nur einige der vielen Vorteile, die das Kaltduschen mit sich bringt. Alle zu nennen, würde sich zu sehr in die Länge ziehen – aber so viel sei gesagt: Von reinerer Haut, über schnellere Erholung von Muskelkater bis hin zu besserer Stimmung ist alles dabei, wenn Du Dich mit kaltem statt mit warmem Wasser duschst!

Doch wie beginnst Du nun am besten, von warmem Wasser auf kaltes Wasser umzustellen? Schließlich kostet es ziemlich viel Überwindung, sich kalt zu duschen. Ganz besonders um 6 oder 7 Uhr morgens.

Damit Du Dich Schritt für Schritt ans Kaltduschen herantasten kannst und nicht gleich abgeschreckt wirst, solltest Du erstmal langsam beginnen und Deine Wassertemperatur von Tag zu Tag ein wenig reduzieren.

Achte darauf, dass Du nach dem kalten Duschen die Temperatur nicht wieder hochstellst, sondern die Dusche dann sofort verlässt. So profitierst Du am meisten von den positiven Effekten.

Wie Du Dich danach fühlst? Höchstwahrscheinlich ist Dir erst einmal sehr, sehr kalt!

Trockne Dich ab und achte, wenn Deine Haut nicht mehr feucht ist, noch einmal auf Deinen Körper. Ist Dir immer noch kalt? Vermutlich noch ein wenig.

Spätestens, wenn Du Dich angekleidet hast, sollte Dich aber ein Gefühl wohliger Wärme erfüllen – ein weiterer positiver Effekt der kalten Dusche: Sie macht uns kälteresistenter.

Und was macht Deine Müdigkeit? Nach mindestens 30 Sekunden unter der kalten Dusche ist sie wahrscheinlich wie weggeblasen! Wenn Du dann in die Schule fährst, achte doch mal auf Deine Mitschüler. Sicherlich gähnen sie in einem fort, beklagen sich über ihre Müdigkeit oder über ihre schlechte Laune. Du kannst Dir dann ruhig ins Fäustchen lachen – oder Deinen Mitschülern auch die kalte Dusche empfehlen.

Besonders in den ersten Schulstunden bietet Dir die kalte Dusche einen riesigen Vorteil. Denn während sich alle anderen Schüler noch im Halbschlaf befinden, ist Deine Energie schon morgens auf dem Höchststand, und Du kannst in der Mitarbeit ganz besonders punkten.

Erwarte nicht, dass Du die kalte Dusche als angenehm empfinden wirst; das wirst Du auch nach mehreren Monaten Übung nicht. Die Stunden danach dafür umso mehr!

Ich persönlich fühle mich jetzt immer erst nach der kalten Dusche so richtig wach. Es ist eine Gewohnheit — eine der besten Gewohnheiten, die man meiner Meinung nach haben kann.

Nun noch ein paar Tipps: Das Kaltduschen ist kein Ersatz für ausreichend Schlaf! Außerdem solltest Du immer tief durchatmen, wenn Du das Wasser auf kalt geschaltet hast! Wenn Du noch mehr von der kalten Dusche profitieren willst, kannst Du auch auf das Abtrocknen verzichten.

Harre einfach für fünf Minuten nackt im Badezimmer aus. So bleibt Deine Haut noch länger feucht und vor allem kalt – Dein Körper muss sich so noch mehr anstrengen! Und dadurch wird noch mehr Energie für die Schule mobilisiert!

Meditieren lernen für mehr Energie

Gerade in der Oberstufe sieht die traurige Realität oft so aus: Wir sind im Schulalltag gefangen und hetzen von Klausur zu Klausur. Von Zeit zu Zeit mal abschalten? Leider ist das eher selten drin.

Dabei ist es elementar, sich vom rasenden Rhythmus der Schule auch mal die ein oder andere Auszeit zu nehmen. Nur so behältst Du einen klaren Kopf; nur so kannst Du in der Schule auf Dauer fokussiert und achtsam sein.

Ich bin der Meinung, dass ausreichend Entspannung und Höchstleistungen in der Schule durchaus miteinander vereinbar sind.

Wenn wir nicht aus mangelnder Motivation oder Faulheit nichts tun können, sondern uns ganz bewusst Phasen zum Runterkommen einplanen, hat das einen äußerst positiven Effekt auf unseren Geist und verschafft uns mehr Energie für Top-Noten.

Deshalb möchte ich Dich jetzt mit der Meditation vertraut machen – einem Konzept, das ich während meiner Zeit in der Oberstufe fast täglich angewendet habe (und bis heute anwende).

Denk jetzt bitte nicht: „Meditation? Was für ein esoterischer Mist!“ Tu Dir selbst den Gefallen und probiere es zumindest mal aus. Du wirst sehen – es lohnt sich.

Such Dir zunächst ein Zeitfenster, in dem Du zehn Minuten Zeit hast. Ich meditiere in der Regel morgens, direkt nach dem Aufstehen. Natürlich kannst Du das aber auch abends machen, wenn Du von der Schule nach Hause kommst.

Jetzt setzt Du Dich einfach auf einen Stuhl oder auf ein Sofa – wichtig ist am Anfang, dass Deine Umgebung einigermaßen ruhig ist und Dir erlaubt, Dich zu entspannen.

Wenn Du Dich in sitzender Position befindest, nimmst Du ein paar tiefe Atemzüge. Achte auf Deine Atmung – ist sie nur oberflächlich oder atmest Du bis in Deinen Bauch hinein?

Sieh Dich dann in Deiner Umgebung um – was befindet sich in dem Zimmer oder der Umgebung, in der Du Dich befindest?

Versuche, Dein Umfeld mit allen Sinnen wahrzunehmen. Was hörst Du? Welche Geräusche kannst Du in Deiner Umgebung ausmachen? Was fühlst Du? Ist es tendenziell kalt oder warm?

Wichtig ist hier nur eins: Es gibt kein richtig oder falsch. Es geht einfach darum, dass Du Dir bewusst machst, wo Du Dich gerade befindest, Details wahrzunehmen und achtsam zu sein – das ist es nämlich, was uns vor lauter Stress oft nicht mehr gelingt.

Fühle dann, wie Dein Gewicht auf Deinen Sitz einwirkt. Fühlst Du Dich leicht oder schwer? Lasse Dir dafür ruhig Zeit – manchmal dauert es ein Weilchen, bis wir dafür ein Empfinden herstellen können.

Mit den Empfindungen, die Du jetzt gemacht hast, schließt Du anschließend Deine Augen. Versuche nun, Deinen Körper von oben nach unten zu scannen und Deine verschiedenen Körperteile wahrzunehmen. Wie fühlen sie sich an? Tut Dir irgendetwas weh? Welche Teile Deines Körpers fühlen sich besonders gut an? Achte dabei auch möglichst auf eine gleichmäßige und tiefe Atmung. Versteife Dich aber auch nicht darauf.

Versuche für einen Moment, Dich nur auf Dich selbst zu konzentrieren. Wenn Du mit Deinen Gedanken abschweifst, ist das keineswegs schlimm oder ein Problem. Wenn Dir aber auffällt, dass

Du mit Deinen Gedanken etwa wieder bei der Schule landest, solltest Du versuchen, Dich allmählich wieder auf Deinen Körper zu fokussieren.

Achte nun noch einmal besonders auf Deine Atmung. Nimm ein paar tiefe Atemzüge und fühle, wie die Luft in Deine Lunge einströmt. Achte darauf, wie sich Deine Lunge ausdehnt und beim Ausatmen wieder zusammenzieht.

Nimm nun in Deinem eigenen Tempo wieder die Umgebung um Dich herum wahr. Achte erneut auf die Geräusche, die Temperatur und Deine Sitzfläche.

Nimm nun noch einmal einen tiefen Atemzug und öffne – wenn Du bereit dafür bist – Deine Augen. Wie fühlst Du Dich jetzt? Vielleicht bist Du ein kleines bisschen schläfrig, vielleicht fühlst Du Dich außergewöhnlich entspannt oder geerdet.

Führe Dir abschließend noch einmal vor Augen, dass Du Dir diese Phase der Entspannung angesichts Deines anspruchsvollen Schulalltags redlich verdient hast.

Es gibt beim Meditieren keine Fehler! Du musst Dich auch nicht genau an die Anweisungen halten, die ich in diesem Kapitel vorgestellt habe. In erster Linie geht es bei der Meditation darum, sich selbst genauer wahrzunehmen, auf seinen Körper und seinen Geist zu achten und den Alltag für einen kurzen Moment aus dem Bewusstsein verschwinden zu lassen.

Das wird Dir beim ersten Mal mit Sicherheit noch schwerfallen. Deine Gedanken werden Dich während der Meditation bei den ersten Durchgängen noch ablenken – das ist ganz normal. Konditionierst Du Dich aber selbst im Meditieren, wird es Dir schrittweise immer leichter fallen, für ein paar Minuten abzuschalten.

Meditation ist so genial, weil Du praktisch nichts dafür brauchst – und weil es so einfach ist. Nach einer Meditationssession lässt es sich in den meisten Fällen viel besser und gelassener arbeiten beziehungsweise lernen!

Wenn Du merkst, dass Du trotz viel Übung Schwierigkeiten beim Meditieren hast, kannst Du auf Apps wie „Headspace" oder „7Mind" zurückgreifen. Bei diesen Anwendungen führt Dich eine Stimme – wie ein persönlicher Coach – durch die Meditation. Diese Apps bieten außerdem kostenlose Kurse (zum Testen perfekt geeignet).

Wenn das was für Dich ist, wünsche ich Dir viel Spaß und Entspannung beim Meditieren.

Meditieren lernen für mehr Energie

1. **Setz Dich** auf einen gemütlichen Stuhl, Sessel oder Sofa.
2. **Atme tief ein und aus** und achte auf Deine Atmung.
3. **Nimm Deine Umgebung wahr** - wie fühlt sie sich an?
4. **Denk dran:** Es gibt kein Richtig oder Falsch! Mach Dir keinen Druck und tu' einfach das, was sich FÜR Dich gut anfühlt.

Ausblick: Belohne Dich selbst!

Oftmals bekommt harte Arbeit nicht die Wertschätzung, die sie verdient – und auch in der Schule erhalten wir außer Noten nicht immer eine faire Anerkennung für unsere guten Leistungen. Deshalb solltest Du selbst darauf achten, einen angemessenen Ausgleich für die Schule zu finden und derjenige sein, der Dir auf die Schulter klopfst, wenn Du etwas richtig gemacht hast.

Wenn Du Dich zum Beispiel nach einem langen Tag mit Deinen Freunden in einer Bar triffst oder etwas Schönes unternimmst, ist das eine solche Belohnung.

Sorge dafür, dass dieser Teil des Lebens in Deinem Alltag nicht zu kurz kommt. Denn Kino- oder Clubbesuche, Ausflüge oder kulinarische Abenteuer, mit denen Du Dich gezielt selbst belohnst, können Dich wieder mit neuer Motivation versorgen – und ganz nebenbei: Regelmäßige Selbstbelohnung ist auch ein starker Motor für unser Selbstwertgefühl.

Natürlich darfst Du für Freizeitaktivitäten auf keinen Fall Deine Arbeit für die Schule vernachlässigen. Wenn Du genau weißt, dass Du eigentlich zu wenig getan hast, und Dich trotzdem – unter dem Vorwand, Dich selbst zu belohnen – reinen Spaß-Aktivitäten widmest, solltest Du Deine Pläne vielleicht nochmal überdenken.

Das wäre nämlich schlicht und ergreifend Selbstbetrug – sei also gerade in diesem Punkt immer ehrlich zu Dir selbst!

Nachwort

Nun bist Du am Ende dieses Buchs angelangt – und um viele wertvolle Strategien und Denkanstöße für die Schule reicher.

Du kannst stolz auf Dich selbst sein! Denn da Du das gesamte Buch durchgelesen hast, zeigt sich, dass Du in Zukunft nichts mehr dem Schicksal überlassen, sondern Deinen schulischen Erfolg von nun an selbst in die Hand nehmen willst.

Du zeigst Eigeninitiative und bist aktiv geworden, während andere noch über schlechte Noten jammern, aber gleichzeitig der neuen Staffel von ihrer Lieblingsserie eine höhere Bedeutung beimessen als der Schule.

Lernen ist eine feine Sache. Es macht viel Spaß und ist aufregend - **wenn** man es richtig macht.

Du hast gelernt, wie Du Dir starke und nachhaltige Ziele für die Schule setzt, diese langfristig im Auge behältst und Dich so für die Schule motivierst. Außerdem weißt Du jetzt, was Du tun musst, wenn es um Deine Motivation an manchen Tagen mal nicht so gut bestellt ist.

Du bist vertraut mit der Technik, wie Du effektiv auswendig lernst, Deine Zeit richtig einteilst, Schulaufgaben sinnvoll priorisierst und Perfektionismus vermeidest – und so mit weniger Zeit und besseren Resultaten arbeiten kannst.

Du hast das Geheimnis der Mediation erfahren und Dir eine wertvolle Technik verschafft, sofort wieder leistungsfähig für die Schule werden. Und Du weißt, dass kaltes Wasser am Morgen Dir einen unglaublichen Vorteil verschafft und warum Du Dich immer für Deine geleistete Arbeit belohnen solltest.

Dir schwirrt ein bisschen der Kopf nach der Lektüre? Das ist ganz normal – gib ihm die Zeit, die er braucht, das neue Wissen erst einmal zu verarbeiten. Und dieser Ratgeber läuft Dir ja schließlich nicht davon. Du kannst alle Lektionen, die Du noch einmal vertiefen willst, so oft lesen, wie Du willst.

Nun wird es Zeit, das Gelernte im Schulalltag anzuwenden. Bring die Techniken aus diesem Buchs vom Papier in die Realität, und wende so den Schlüssel zu Top-Noten und somit zu einer erfolgreichen Zukunft an! Die Tür dahin musst Du aber selbst öffnen. Ich habe Dir die Strategien an die Hand geben – um die Umsetzung musst Du Dich selbst kümmern.

Das geht sicher nicht von einem Tag auf den anderen. Nimm Dir am besten eine Lektion vor, auf die Du Dich besonders konzentrierst, und beginne, sie in Dein Leben zu integrieren. Du wirst sehen, dass Du schon sehr bald die ersten Früchte ernten wirst.

In Zukunft werden Schulnoten für Dich kein Zufall, sondern Gewissheit sein. Du wirst Deine Traumnoten erreichen und Dein Leben nach Deinen Vorstellungen gestalten. Die Strategien dazu hast Du hier erhalten.

Eine kleine Bitte habe ich noch an Dich: Wenn Dir mein Buch geholfen hat und Du das Gefühl hast, dass meine Tipps Dir geholfen haben, bessere Noten zu schreiben und mehr Zeit für Dich und Deine Hobbys zu gewinnen, dann empfiehl es doch an Deine Freunde und Schulkameraden weiter. So können alle von einem entspannteren Schulalltag und aufregenden Lern-Fortschritten profitieren.

Bis dahin wünsche ich Dir alles Gute und viel Erfolg für Deine private und wie auch schulische Zukunft.

Matthias Brandt

ZEIT & FOKUS
Konzentriert arbeiten

Wie Sie durch Selbstdisziplin und effektives Zeitmanagement maximale Produktivität erreichen und die geheimen Fokus-Strategien der Super-Erfolgreichen anwenden

„Gibt dem Leser allerhand Werkzeug mit, sein Leben als Meisterwerk zu meißeln."

– Amazon Kunde

Das Zeit & Fokus Buch zeigt Ihnen, wie Sie auf Knopfdruck fokussiert arbeiten und in weniger Zeit mehr Ergebnisse erzielen.

In seinem neuen Buch ZEIT & FOKUS verrät Ihnen Matthias Brandt die bisher noch nie veröffentlichten Strategien der Super-Erfolgreichen. **Raffiniertes Zeitmanagement** kombiniert mit **laserscharfen Fokus,** sind die zwei essenziellen Schlüssel für Ihren Erfolg. Dieses Buch ist Ihr persönlicher Leitfaden, wie Sie in kurzer Zeit diese zwei wertvollen Fähigkeiten in sich vereinen.

ISBN: 978-1691263165

Matthias Brandt

RHETORIK
Reden wie ein Profi

Wie Sie ein guter Redner werden, überzeugend auftreten und Ihre wahrgenommene Kompetenz durch erfolgreiche Kommunikation erhöhen

„Wichtiges Buch für ein erfolgreiches Leben."

– Amazon Kunde

Das Rhetorik Buch zeigt Ihnen, wie Sie dank einfacher Strategien Ihre Rede- und Überzeugungskünste verbessern.

Dieses Buch bietet Anfängern einen guten Start, um Kommunikation zu meistern. Auch aber bekommen Experten neue Einblicke in die Welt der Rhetorik, was dieses Werk zu einer absoluten **Standardlektüre** macht, wenn es um die Kunst der Rede geht. Damit auch Sie Ihre Interessen wirkungsvoll durchsetzen und Ihre Mitmenschen **nachhaltig für sich gewinnen.**

ISBN: 978-1728739243

Julius Loewenstein

Mehr Bücher für Deinen persönlichen Erfolg!

SELBSTDISZIPLIN
Mehr Erfolg, weniger Stress

Wie Sie mit der richtigen Motivation Ihr Mindset trainieren, mehr Geld verdienen und endlich den Erfolg haben, den Sie sich schon immer gewünscht haben

„Dieses Buch ist wie ein privater Coach, nur nicht für den Preis eines Coaches, jedoch mit der gleichen Qualität."

– Amazon Kunde

Wie Sie Selbstdisziplin entwickeln und aus alten Gewohnheiten ausbrechen, die Sie bisher Ihren Erfolg gekostet haben.

In diesem Buch erfahren Sie, wie Sie spielerisch & Schritt für Schritt eiserne Selbstdisziplin entwickeln. Dies ist Ihr **essenzieller Leitfaden**, um Ihr Gehirn auf maximalen Erfolg zu programmieren und Ihre Ziele wie ein Magnet anzuziehen. Nach der Lektüre dieses Buchs werden Sie **Pläne, Ziele und Ideen umsetzen wie ein Uhrwerk** und Ihre lang ersehnten Träume endlich Wirklichkeit werden lassen.

ISBN: 978-1707605682

Matthias Brandt

GEWOHNHEITEN | SELBSTDISZIPLIN ZEIT & FOKUS | SPEED READING

Das Große 4 in 1 Buch!

Wie Sie mit effektiven Methoden aus der Psychologie Ihre Motivation und Produktivität maximal steigern

„Essenziell für Leistungsträger. Besser als Doping? Definitiv!"

– Amazon Kunde

Das Große 4 in 1 Buch von Matthias Brandt!

Wirksames Zeitmanagement wird in diesem **Standardwerk** neu definiert. **Profitieren Sie noch heute von Mindset Strategien der Top Profis**, die Ihnen das Leben erleichtern und Ihre Konkurrenz tief in den Schatten stellt. Verboten effektive Methoden aus der Psychologie – für Sie einfach und praxistauglich auf den Punkt gebracht.

ISBN: 979-8602775372

Matthias Brandt

... der Persönlichkeitsentwicklung!

RHETORIK | SMALLTALK | SCHLAG-FERTIGKEIT | SELBSTBEWUSSTSEIN

Das Große 4 in 1 Buch!

Wie Sie die Kunst der Kommunikation, der Körpersprache und selbstbewusstes Auftreten erfolgreich meistern

„Standardwerk für erfolgreiche Kommunikation - das wohl mächtigste Buch zum Thema."

– Amazon Kunde

Das Große 4 in 1 Buch vom Bestseller-Autor Julius Loewenstein!

Dieser Klassiker umfasst die vier Dauer-Bestseller von Julius Loewenstein. In diesem Buch werden essenzielle Erfolgsstrategien gebündelt und **ungekürzt** in vollem Umfang wiedergegeben. Damit Sie das ganze Paket der Persönlichkeitsentwicklung für Ihren Erfolg aus einer Quelle beziehen und dabei kostengünstig auf wertvolles Praxis-Wissen zugreifen!

ISBN: 978-1073655007

Julius Loewenstein

Printed in Poland
by Amazon Fulfillment
Poland Sp. z o.o., Wrocław

60226595R00043